Feste und Bräuche

5-Minuten-Vorlesegeschichten
für Menschen mit Demenz

Petra Bartoli y Eckert

Verlag an der Ruhr

Impressum

Titel
5-Minuten-Vorlesegeschichten
für Menschen mit Demenz
Feste und Bräuche

Autorin
Petra Bartoli y Eckert

Titelbildmotiv
© pylonautin – photocase.com

Verlag an der Ruhr
Mülheim an der Ruhr
www.verlagruhr.de

Ein Hinweis:

Die Ratschläge in diesem Buch sind von der Autorin erprobt und vom Verlag sorgfältig erwogen worden. Nehmen Sie dennoch eine genaue Prüfung entsprechend Ihrer Situation vor und wägen verantwortungsvoll ab, welche Anregungen Sie bei welchen Personen anwenden.
Einige Anregungen können überwältigende Emotionen und Erinnerungen hervorrufen, andere nur bei medizinischer Unbedenklichkeit angewendet werden. Eine Haftung des Autors und des Verlages für etwaige Personen- und Sachschäden ist ausgeschlossen. Die Durchführung der Anregungen erfolgt ausschließlich in eigener Verantwortung des Anwenders.

Unser Beitrag zum Umweltschutz:
Wir sind seit 2008 ein ÖKOPROFIT®-Betrieb und setzen uns damit aktiv für den Umweltschutz ein. Das ÖKOPROFIT®-Projekt unterstützt Betriebe dabei, die Umwelt durch nachhaltiges Wirtschaften zu entlasten.
Unsere Produkte sind grundsätzlich auf chlorfrei gebleichtes und nach Umweltschutzstandards zertifiziertes Papier gedruckt.

ISBN 978-3-8346-2955-5
Printed in Germany

Inhalt

Vorwort

Liebe Vorlesende, liebe Zuhörende,

Feste und Feiertage bereichern unseren Jahreslauf – das ist heute so und war früher noch viel wichtiger. Denn in Zeiten, in denen es keinen Fernseher oder nur drei Programme, kein seitenlanges Kulturprogramm in Städten und Dörfern gab, waren Festtage und wiederkehrende Bräuche eine willkommene Abwechslung im Alltag.

Während meiner Recherchen zu diesem Buch habe ich mit vielen Senioren über alte Bräuche und ihre Erinnerungen an Feste in ihrer Kindheit, Jugend und in jungen Erwachsenenjahren gesprochen. Egal ob es ein nord- oder süddeutscher Brauch, ein Fest auf dem Land oder in der Stadt war: Immer wenn die Senioren sich an solche besonderen Tage erinnerten, fingen ihre Augen an, zu leuchten. Die Begeisterung und Freude ist wie ein Funke auf mich übergesprungen. Gern wäre ich bei dem einen oder anderen Fest dabei gewesen!

Ich bedanke mich ganz herzlich bei allen, die mir von Ritualen, Bräuchen und Feiern erzählt haben. Besonders bedanke ich mich bei meinem Mann und meiner Tochter, die mich bei den Geschichten immer wieder beraten und mich mit mancher Rückmeldung auf neue Ideen gebracht haben.

Ich wünsche Ihnen viel Freude mit diesem Buch. Ich hoffe, Sie haben beim Vorlesen, Lesen oder Zuhören der Geschichten Vergnügen und vielleicht Lust, die eine oder andere Feier aufzugreifen oder sogar den einen oder anderen Brauch wiederzubeleben.

Herzliche Grüße,
Petra Bartoli y Eckert

Über die Reihe

Lesen ist eine der schönsten und zeitlosesten Freizeitbeschäftigungen für Jung und Alt. In Erzählungen abtauchen, sich in andere Personen hineinversetzen, via Fantasie Zeitreisen unternehmen … Lesen bietet die Möglichkeit, dem Alltag zu entfliehen und ihn gleichzeitig zu verarbeiten. Wem das Lesen jedoch Mühe bereitet, der kann Lesevergnügen auch über das Vorlesen erleben.

Die Reihe **„5-Minuten-Vorlesegeschichten für Menschen mit Demenz"** berücksichtigt die Einschränkungen von Demenzkranken mit kurzen, pointierten und einfachen Geschichten, die an das Alltagserleben anknüpfen. Mal humoristisch, mal nachdenklich oder auch religiös-besinnlich – je nach Anlass und Situation können Sie die passende Geschichte auswählen und die Zuhörer zum Gedankenaustausch anregen. Die entsprechenden Anschlussfragen zu jeder Geschichte bieten die dazu nötigen Anknüpfungspunkte – für ein abwechslungsreiches (Vor-)Lesevergnügen!

Der Abschlussball

In unserer Stadt hatte in den 1950er-Jahren die erste Tanzschule eröffnet. Als ich das Plakat zum ersten Mal an der Litfaßsäule vor Fleischer Ehrenwirth sah, wusste ich: „Da will ich hin."

Mutter und Vater erlaubten es mir ohne große Diskussion.

„Es ist gar nicht schlecht, wenn du tanzen kannst, Annemarie", meinte Mutter.

Vater nickte und steckte mir Geld für Tanzstunden zu.

Einen Teil musste ich allerdings selbst bezahlen. Aber das machte mir nichts aus. Ich machte eine Ausbildung als Arzthelferin und hatte mir von meinem Lehrgeld etwas beiseitegelegt. Ich verdiente zwar nicht besonders viel, aber ich war sparsam und konnte mit Geld umgehen. So hatte ich mittlerweile einige Scheine in meinem Sparstrumpf. Das musste reichen.

Meine Freundin Elvira hatte ich schnell überredet, mitzukommen. Schon Wochen vorher übten wir in unserem Wohnzimmer Tanzschritte zur Musik im Radio.

„Wir wollen uns schließlich nicht blamieren", meinte Elvira.

Immer wenn meine Eltern nicht zu Hause waren, rückten wir einfach alle Möbel, soweit es ging, zur Seite. Dann stellten wir das Radio an und schwangen ausgelassen das Tanzbein zur Musik.

Als die erste Tanzstunde an einem Samstagnachmittag stattfand, war ich dann doch etwas aufgeregt. Ich wusste ja nicht so recht, was mich erwarten würde. Meine Hände waren ganz feucht, sodass ich sie mir heimlich immer wieder an meinem Rock abwischte. Die Stunden fanden in einem großen Raum in einem Gebäude am Marktplatz statt. Rechts und links an der Wand standen

Stühle. In einer Ecke gab es ein Klavier. Dahinter saß ein Mann in einem schwarzen Anzug, der sehr nobel aussah. Empfangen wurden wir von einem Ehepaar, das sich als Herr und Frau Schwentke vorstellte.

„Herzlich willkommen zu Ihrer ersten Tanzstunde", begrüßte uns die Frau. Sie deutete auf die linke Saalseite. „Die Damen nehmen bitte hier Platz."

Auf der Seite gegenüber saßen bereits einige junge Männer. Verstohlen musterte ich sie. Alle trugen ein Hemd und eine schwarze Hose. Einer fiel mir besonders auf. Er hatte blonde Haare, die akkurat gescheitelt waren.

Wie sich herausstellte, hieß der junge Mann Friedrich und war Student. Beim ersten Versuch, die Walzerschritte, die uns das Tanzlehrerpaar Schwentke gezeigt hatte, nachzumachen, forderte mich Friedrich freundlich zum Tanzen auf. Von da an tanzten wir beinahe alle Tänze zusammen.

„Der hat ein Auge auf dich geworfen", raunte mir Elvira in einer Tanzpause zu.

Ich zuckte mit den Schultern. Das sollte gleichgültig wirken. Aber natürlich war mir auch aufgefallen, dass sich Friedrich besonders um mich bemühte.

Nach zehn Tanzstunden sollte der Abschlussball in dem Saal der Tanzschule stattfinden. Das war die Krönung und Elvira und ich fieberten regelrecht auf diese Veranstaltung hin.

„Was ziehst du zum Ball an?“, wollte ich von ihr wissen, als ich sie nach der Tanzstunde nach Hause begleitete.

„Komm mit, ich zeig es dir“, zwinkerte Elvira mir geheimnisvoll zu.

Ihr Kleid, das sie mir präsentierte, war wunderschön. Da konnte ich nicht mithalten. Ich hatte mir an den letzten Abenden ein altes Tanzkleid meiner Mutter geändert. Ich verabschiedete mich von Elvira und trottete etwas neidisch nach Hause. Auf dem Weg kam ich an den Schaufenstern am hinteren Markt vorbei. Vor einem der Fenster blieb ich plötzlich stehen. Ein wunderschönes Paar rote Schuhe war mir ins Auge gestochen.

„Wenn ich schon kein neues Kleid für den Abschlussball habe, dann will ich wenigstens neue Schuhe“, beschloss ich.

Mein erspartes Geld hatte ich für meinen Anteil der Tanzstunden aufgebraucht. Ich musste also meine Eltern bitten, mir die Schuhe zu kaufen. Wie erwartet, hatte Vater dafür kein Verständnis.

„Du hast gute, schwarze Schuhe. Die sind hervorragend zum Tanzen“, meinte er nur.

Tagelang schlurfte ich mit gesenktem Kopf durchs Haus. Irgendwann konnte meine Mutter das nicht mehr mit ansehen. Heimlich steckte sie mir schließlich das Geld für die Schuhe zu.

„Aber kein Wort zu Vater“, sagte sie.

Ich nickte und fiel ihr um den Hals.

Einen Tag vor dem Abschlussball kaufte ich mir die roten Schuhe. Sie passten wirklich wunderbar zu meinem Kleid. Denn in dem Stoff waren rote Blümchen, die genau die gleiche Farbe wie die Schuhe hatten.
Als Elvira mich am Ballabend abholte, warf sie einen bewundernden Blick auf meine neuen Schuhe.

„Da wird Friedrich Augen machen“, war sie sich sicher.
Kichernd liefen wir zur Tanzschule.

Der Ballabend verlief erst wie erhofft. Die Eröffnungspolonaise tanzte ich natürlich an der Seite von Friedrich. Ein ums andere Mal forderte er mich dann zum Tanzen auf. Gekonnt führte er mich über die Tanzfläche. Meine Wangen glühten. Doch dann merkte ich, dass bald jeder

Tanzschritt schmerzte. Ich ließ mich von Friedrich zu meinem Stuhl bringen und schlüpfte heimlich aus meinen neuen, roten Schuhen. An beiden Fersen hatte ich zwei dicke Blasen. Die Zehen waren gerötet und hatten schmerzhafte Druckstellen.

Als Friedrich nach wenigen Minuten auf mich zukam, um mich erneut zum Tanzen aufzufordern, schüttelte ich nur den Kopf.

Nach dem Ball humpelte ich neben Elvira nach Hause. Sie strahlte glücklich und zufrieden. Keine Runde hatte sie ausgelassen. Ich ließ enttäuscht die Schultern hängen.

„Diese dummen, neuen Schuhe", schimpfte ich halblaut vor mich hin. Bestimmt wollte Friedrich nun nichts mehr von mir wissen. Statt mit mir hatte er den restlichen Abend mit anderen Mädchen getanzt und ich hatte zusehen müssen. Allein der Gedanke daran trieb mir die Tränen in die Augen. Elvira legte tröstend ihren Arm um mich und klopfte mir beruhigend auf die Schulter.

„Jetzt hätte ich es beinahe vergessen“, rief Elvira. Sie zog einen Zettel aus ihrer Umhängetasche. Feierlich und mit einem leichten Augenzwinkern überreichte sie ihn mir.

„Den soll ich dir von Friedrich geben“, grinste sie verschwörerisch.

Aufgeregt faltete ich den Zettel auseinander und las: *„Liebe Annemarie! Ich würde dich gern zum Frühjahrsball ausführen. Natürlich nur, wenn es dir wieder besser geht“*, stand darauf. Jubelnd fiel ich Elvira um den Hals.

„Da ziehe ich aber meine alten, schwarzen Schuhe an“, beschloss ich. Plötzlich konnte ich schon wieder viel besser laufen und merkte, dass meine Füße ein bisschen weniger schmerzten.

Lassen Sie erzählen:

* Waren Sie früher auch in der Tanzschule?
* Wo fanden die Tanzstunden statt?
* Mit wem haben Sie damals getanzt?
* Was haben Sie zum Abschlussball getragen?
* Was ist Ihr Lieblingstanz?

Osterwasser holen

„Dieses Jahr werde ich beim Osterwasserholen auf keinen Fall auf Karl hereinfallen“, raunte Jutta ihrer Freundin Thea zu.

Letztes Jahr hatte sie mit ihren 15 Jahren zum ersten Mal mit den Mädchen Osterwasser holen dürfen. Nach altem Brauch gingen junge Frauen und Mädchen vom Ort am Ostersonntag früh morgens vor Sonnenaufgang los. Sie hatten Tonkrüge dabei und machten sich auf den Weg zum Fluss, der durch das Dorf floss.

„Wenn man sich mit Osterwasser wäscht, macht das die Haut schön“, hatte Juttas Mutter erklärt. Das fand Jutta interessant. Denn schließlich wollte sie den jungen Burschen vom Ort gefallen. Aber im letzten Jahr war dann alles ganz anders gekommen.

Karl und einige andere junge Männer aus dem Dorf passten die Mädchen, die mit ihren Krügen vom Fluss zurückkamen, ab. Es war wichtig, dass man das Wasser schweigend schöpfte und ohne zu reden nach Hause trug. Doch die Burschen hatten nur Flausen im Kopf. Sie fingen an, die Mädchen anzusprechen.

„Jutta, soll ich dir den Krug abnehmen?“, feixte Karl.

Jutta ignorierte ihn, so gut es ging. Sie sah stur geradeaus und würdigte Karl keines Blickes. Doch dann stellte sich dieser Hornochse ihr einfach in den Weg. Da platzte Jutta heraus: „Verschwinde endlich!“

Und schon war es geschehen. Denn wenn man beim Osterwasserholen sprach, verlor das Wasser angeblich seine Wirkung. Karl bog sich vor Lachen.

„Jetzt hat die Jutta Plapperwasser statt Osterwasser geholt“, prustete er.

Wütend hob Jutta ihren Krug. Das Wasser war ja nun sowieso nutzlos. Darum zögerte sie nicht lange.

Mit Schwung goss sie Karl den Inhalt des Kruges über den Kopf. Der schnappte erschrocken nach Luft und schüttelte sich. Jetzt musste Jutta lachen. Und ihre Freundin Thea, die neben ihr gegangen war, kicherte mit.

„Mist, jetzt ist mein Wasser wohl auch wirkungslos", stellte Thea fest.

So hatten sie letztes Jahr zwar kein Osterwasser zum Mit-nach-Hause-Bringen, aber ihren Spaß hatten sie trotzdem gehabt.

Dieses Jahr nahm sich Jutta vor, beim Osterwasserholen eisern zu schweigen: „Da kann Karl machen, was er will. Ich sage keinen Ton."

„Ich bin gespannt, ob du das durchhältst. Karl lässt sich bestimmt wieder etwas Gemeines einfallen", überlegte Thea.

Jutta reckte trotzig ihr Kinn nach vorn. Dieses Jahr war sie immerhin schon 16. Sie hatte dazugelernt und ließ sich nicht mehr so leicht aus der Ruhe bringen.

„Das werden wir ja sehen", meinte sie mit bestimmtem Ton und grinste Thea an.

Ihre Mutter weckte Jutta am Ostersonntag um halb fünf. Verschlafen zog sie sich an und trat vor die Tür. Dort wartete Thea bereits mit ihrem Tonkrug auf sie. Ohne ein Wort der Begrüßung gingen die beiden los. Auf ihrem Weg zum Fluss trafen sie auf die anderen jungen Mädchen vom Ort. Keines von ihnen sagte ein Wort. Auch beim Schöpfen des Wassers wurde nicht gesprochen. Auf dem Rückweg warteten Karl und seine Freunde bereits hinter einem der Büsche am Wegrand. Als die Mädchen näher kamen, stellten sie sich ihnen wie erwartet in den Weg.

„Ah, die Jutta. Bestimmt hat sie sich auch dieses Jahr wieder Plapperwasser geholt", lachte Karl.

Jutta kniff die Lippen zusammen und ging weiter. Ihren Tonkrug presste sie fest an sich.

„He, Jutta, ich hätte gern einen Schluck frisches Osterwasser", redete Karl weiter auf Jutta ein.

Thea knuffte Jutta in die Seite und rollte mit ihren Augen.

„Darf ich mich bei dir einhaken?", fragte Karl und trat ganz nahe an Jutta heran.

Da wurde es Jutta zu dumm. Sie wollte auf keinen Fall etwas sagen. Aber es gab keine Regel, die verbot, etwas anderes gegen diesen Plagegeist zu unternehmen. Weil letztes Jahr der Wasserguss bereits Wirkung gezeigt hatte, fackelte Jutta auch diesmal nicht lange. Blitzschnell ließ sie eine Handvoll Wasser aus dem Krug in ihre Hand laufen. Mit Schwung spritzte sie Karl den kalten Wasserschwall direkt ins Gesicht.

Karl sah aus wie ein begossener Pudel. Jutta hatte große Mühe, sich das Lachen zu verkneifen. Thea, die alles beobachtet hatte, ging es nicht anders. Sie griff mit ihrer freien Hand nach Jutta und zog sie schnell mit sich. Der verdutzte und nasse Karl blieb mit seinen Kameraden zurück.

Dieses Jahr schafften es Jutta und Thea, das Osterwasser ohne zu reden nach Hause zu bringen.

Die Überraschung kam erst am Ostersonntag nachmittags. Bei Jutta zu Hause gab es Kaffee und Kuchen. Als es an der Tür schellte, dachte Jutta, dass das Thea sein könnte. Darum lief sie los und öffnete. Doch vor der Tür stand jemand ganz anderes.

„Hier, für dich", murmelte Karl und streckte Jutta eine Osterglocke entgegen. Verlegen trat er von einem Bein auf das andere. „Es tut mir leid, dass ich dich heute Morgen so geärgert habe."

Jutta nahm die Blume entgegen und bekam rote Wangen. Denn plötzlich war ihr eingefallen, was man dem Osterwasser noch nachsagte: Wenn man davon etwas auf einen Burschen spritzte, verliebte der sich in das Mädchen. Und weil Jutta diesmal kein Plapperwasser, sondern echtes Osterwasser auf Karl gegossen hatte, zeigte das Wasser wohl seine Wirkung.

Jutta sah sich Karl jetzt mit ganz anderen Augen an. Fesch war er mit seinen dunklen Haaren, die er sich nervös aus dem Gesicht strich.

„Magst du vielleicht später mit mir spazieren gehen?“, fragte Karl, nachdem er sich ausgiebig geräuspert hatte.

Jutta lächelte und nickte. Dann schloss sie die Tür. Vorher musste sich sie unbedingt mit Osterwasser waschen. Denn sie wollte auf alle Fälle eine schöne Haut haben, wenn Karl sie nachher abholte.

Lassen Sie erzählen:

* Wie haben Sie früher Ostern gefeiert?
* Gab es bei Ihnen besondere Osterbräuche?
* Kennen Sie noch andere besondere Bedeutungen von Wasser, z. B. Weihwasser, Wasser aus Heilquellen?

✓ Was Sie noch tun können …

Wassertropfen beobachten

Besorgen Sie sich eine Pipette. Geben Sie damit Ihren Zuhörern einen Tropfen Wasser auf den Handrücken. Beobachten Sie gemeinsam, wie der Tropfen aussieht, wie er sich anfühlt.

Der erste Schultag

Kurz nach Ostern war es für Wilhelm Kornmeier endlich so weit: Wie seine zwei großen Brüder sollte er nun auch zur Schule gehen.

„Das wird was werden", seufzte seine Mutter schon Wochen vor der Schuleinführung. Wilhelm war zwar der Jüngste der Kornmeier-Bande, aber er war auch der Wildeste.

„Bald ist es vorbei mit dem Herumstreunen", prophezeite Ferdinand, Wilhelms ältester Bruder. Er ging schon ins Realgymnasium und musste wirklich viel lernen. Darum hatte er für Faxen und Streiche auch kaum Zeit.

Anders sah es da beim Nesthäkchen aus: Wilhelm heckte von morgens bis abends etwas aus.

„Benimm dich anständig", gab die Mutter Wilhelm am Morgen seines ersten Schultages mit auf den Weg. Sie zog ihr Taschentuch aus der Rocktasche, spuckte darauf und wischte Wilhelm damit über die Wange.

Wilhelm verzog das Gesicht und rannte zur Haustür.

„Halt, halt! Willst du deine Zuckertüte gar nicht mitnehmen?", fragte sie. Lächelnd trug sie Wilhelm die spitze Papiertüte, die über und über mit Zuckerstangen und Karamellbonbons gefüllt war, nach.

Alfred kam hinzu. Er war nun schon im dritten Schuljahr und würde seinen kleinen Bruder bei der Lehrerin abgeben. Mutter zog noch ein letztes Mal den Ranzen auf Wilhelms Rücken, an dessen Seite ein Schwamm baumelte, zurecht. Dann machten sich die beiden Brüder zusammen auf den Weg.

„Die Zuckertüte ist vielleicht schwer", seufzte Wilhelm, kaum waren sie losgelaufen.

Alfred, von Natur aus gutmütig, nahm seinem kleinen Bruder die Schultüte ab.

Jetzt hatte Wilhelm die Hände frei. Statt artig neben Alfred herzulaufen, fingerte er da an Zaunlatten herum und wühlte mit seinen Händen in der Erde.

Alfred mahnte: „Fräulein Baltus wird schön schimpfen, wenn du am ersten Schultag mit schmutzigen Pfoten ankommst." Aber es half nichts.

Als sie schließlich vor dem Schulhaus ankamen, wischte sich Wilhelm kurzerhand seine erdigen Finger an seiner guten Hose ab.

Alfred schüttelte nur missbilligend den Kopf, drückte seinem kleinen Bruder die Zuckertüte in die Hand und schob ihn in den Klassenraum.

Nachdem die Lehrerin alle Schulanfänger begrüßt hatte, sollten die Kinder Platz nehmen.

„Wir wollen den ersten Schultag mit einem gemeinsamen Lied beginnen", lächelte Fräulein Baltus.

Wilhelm hatte sich in die Bank neben den dicken Ludwig gesetzt. Der stellte sich auch artig kerzengerade auf und öffnete den Mund, um loszuträllern.

„Willst du mal was sehen?", flüsterte Wilhelm Ludwig ins Ohr, statt sich ebenfalls aufs Singen vorzubereiten.

Ludwig zuckte mit den Schultern.

„Ich hab vorhin etwas Tolles eingefangen", raunte Wilhelm stolz.

Als Fräulein Baltus den ersten Ton angab, griff Wilhelm in seine Hosentasche. Er hielt Ludwig seine geschlossene Hand unter die Nase. Alle Kinder im Klassenraum sangen. Nur Wilhelm war damit beschäftigt, seine Hand vorsichtig für Ludwig zu öffnen.

„Aaah!", schrie Ludwig und sprang zur Seite.

Mit wildem Gebrumm flog ein großer Käfer um seinen Kopf herum. Alle hatten zu singen aufgehört und reckten ihre Köpfe.

„Das habe ich ja noch nie erlebt", rief Fräulein Baltus außer sich und starrte Wilhelm und Ludwig an.

„Ich auch nicht, Fräulein Lehrerin", meinte Wilhelm und grinste.

„Wie bitte?", fragte die Lehrerin nach.

„Das ist doch ein Maikäfer. Und dabei haben wir erst Mitte April. Dieses Jahr sind sie wirklich früh dran", meinte Wilhelm und sah dem brummenden Käfer nach. Der flog mittlerweile auf das offene Fenster zu.

„Geh und lass das Tier nach draußen", kommandierte Fräulein Baltus. Dabei klang sie nicht sehr freundlich.

Wilhelm gehorchte, obwohl er viel lieber dem Käfer noch ein Weilchen zugesehen hätte. Er ging zum Fenster und klappte es auf. Der Maikäfer fand auch gleich den Weg nach draußen und war wenige Augenblicke später verschwunden.

„Wilhelm, ich habe hier etwas aufgeschrieben. Den Zettel gibst du deinen Eltern, hörst du“, hielt Fräulein Baltus Wilhelm am Ende des ersten Schultages zurück. Alle anderen waren schon mit ihren Zuckertüten nach draußen gerannt. Wilhelm nahm den Zettel von der Lehrerin entgegen. Dann endlich durfte auch er gehen. Er schnappte sich seine Schultüte, rannte auf den Vorplatz vor der Schule und sah sich nach seinem Bruder Alfred um. Der wartete bereits auf ihn.

„Wie war dein erster Schultag?“, wollte seine Mutter wissen.

„Ganz gut“, murmelte Wilhelm und hielt seiner Mutter den Zettel vom Fräulein Lehrerin hin.

Die Mutter runzelte die Stirn. Dann faltete sie das Papier auseinander und las:

Sehr geehrte Frau Kornmeier,
Ihr Sohn Wilhelm ist ein wirklich kluger Kopf. Er kennt sich mit der Natur ausgesprochen gut aus. Doch darüber hinaus ist in der Schule allerdings Disziplin notwendig. Bitte ermahnen Sie ihn, sich von nun an ordentlich zu benehmen.
Hochachtungsvoll
Fräulein Hildegard Baltus

Mutter ließ den Zettel sinken.

„Was hast du denn angestellt?“, fragte sie und sah Wilhelm streng an.

Wilhelm zuckte mit den Schultern: „Ich weiß nicht. Ich hab nur einen Maikäfer ins Freie gelassen.“

Die Mutter seufzte. Sie wusste natürlich, dass das sicher nicht die ganze Wahrheit war. Ihr Wilhelm würde immer ein Lausebengel bleiben. Hoffentlich würde Fräulein Baltus mithelfen, ihm wenigstens ein paar Manieren beizubringen.

Wilhelm griff nach seiner Schultüte und rannte damit nach draußen. Dort war er schließlich am liebsten. Und da, auf der Wiese hinter dem Haus, würde er nun auch nachsehen, welche Leckereien in seiner Zuckertüte steckten.

Lassen Sie erzählen:

* Bekamen Sie auch eine Zuckertüte oder Schultüte an Ihrem ersten Schultag?
* Können Sie sich noch daran erinnern, wie Ihr erster Schultag ablief?
* Wie hieß Ihre Lehrerin oder Ihr Lehrer in den ersten Schuljahren?
* Haben Sie als Kind in der Schule auch einmal dem Lehrer oder Mitschülern einen Streich gespielt?

Der Geburtstags-Aprilscherz

Mein Großonkel Gustav wurde am 1. April 1881 geboren. Als ich 1951 elf Jahre alt war, feierte er an einem Sonntag seinen 70. Geburtstag. Zur Feier seines Ehrentages waren meine Eltern, ich und die restliche Verwandtschaft natürlich eingeladen.

„Konrad, zieh deine gute Hose an, wasch dir die Ohren und kämm deine Haare ordentlich“, meinte Mutter nach dem Mittagessen. „Wir wollen in einer halben Stunde losgehen."

„Ich würde viel lieber Fußball spielen", maulte ich, als ich in mein Zimmer ging. Ich trat gegen den braunen Lederball, der auf dem Boden lag.

Bestimmt waren Toni und Bert schon auf der Wiese hinter der Kirche und warteten auf mich. Aber es half nichts. Das würde mir meine Mutter nie erlauben. Darum fügte ich mich seufzend, wusch und kämmte mich ordentlich und zog mich um.

Großonkel Gustav und Großtante Elsa wohnten nur 15 Minuten Fußweg von uns entfernt. In der guten Stube bei Gustav und Elsa waren schon jede Menge Leute versammelt. Ich kannte Tante Berta und Onkel Hugo. Die meisten aber kannte ich nicht. Ich ging artig zu Großonkel Gustav und streckte ihm meine Hand hin.

„Alles Gute", gratulierte ich.

Neben dem Großonkel stand ein Mann mit Quetsche.

„Die Freiwillige Feuerwehr Neustadt gratuliert dem Jubilar ganz herzlich", rief er in die Runde und fing an, ein Lied auf seinem Akkordeon zu spielen.

„Ach, wie schön", schwärmte Großtante Elsa, die gerade mit einem Kuchen in die gute Stube trat.

Alle anderen nickten lächelnd und wippten begeistert zur Musik. Ich wäre immer noch lieber zum Fußballspielen gegangen.

In der Mitte des Raumes war eine lange Tafel aufgebaut. Dort nahmen nach dem Geburtstagsständchen alle Platz. Der Kuchen schmeckte wirklich gut. Nachdem ich aber zwei Stück davon vertilgt hatte, musste ich schon wieder an meine beiden Fußballkameraden denken. Ich fing an, unter dem Tisch mit einem unsichtbaren Ball zu dribbeln und ihn hin und her zu kicken.

„Sitz still", ermahnte mich meine Mutter streng.

„Bist du ein Fußballspieler?", fragte Großonkel Gustav, der mitbekommen hatte, was ich da trieb.

Ich nickte.

„Du wärst jetzt wohl gern auf dem Bolzplatz?", fragte er und lachte dabei laut auf.

Wieder nickte ich, was mir einen bösen Blick meiner Mutter einbrachte.

„Wir sollten dir wohl erlauben, zu gehen", schlug er vor.

Meine Mutter klappte ihren Mund auf, um etwas zu erwidern.

„Aber …“, stammelte sie.

Doch Großonkel Gustav unterbrach sie: „Edeltraud, sei nicht so streng. Ich habe heute Geburtstag. Da darf ich mir doch wünschen, dass der Junge geht. Aber erst muss er sich das verdienen. Konrad, würdest du mir einen Gefallen tun?“

Verblüfft sah ich den Großonkel an. Diesmal nickte ich besonders heftig. Für ein Fußballspiel mit meinen Freunden würde ich ihm jeden Gefallen tun.

„Geh bitte für mich ins Nebenhaus und frag bei Frau Schubert nach einem Pfund Mückenschmalz.“

Kaum hatte er fertig gesprochen, war ich auch schon aufgesprungen und lief aus der Wohnung. Das Haus hatte ich schnell gefunden. Ich klingelte und wenige Augenblicke später öffnete mir eine Frau, die eine geblümte Schürze und ein Kopftuch trug.

„Sind Sie Frau Schubert?“, erkundigte ich mich freundlich.

Die Frau bejahte und sah mich fragend an.

„Mein Großonkel Gustav schickt mich. Ich soll bei Ihnen ein Pfund Mückenschmalz holen“, erklärte ich.

„Du sollst was?“ Die Frau fing an, zu lachen. „Richte ihm aus, dass das Mückenschmalz aus ist. Aber er könnte stattdessen einen Liter Gänsemilch haben“, prustete sie mit Tränen in den Augen.

Ich sah sie irritiert an. Aber dann verabschiedete ich mich schnell und lief zurück zur Geburtstagsgesellschaft.

„Kannst du statt Mückenschmalz auch Gänsemilch brauchen?“, fragte ich atemlos, als ich in die gute Stube vor Großonkel Gustav trat.

„Gänsemilch?“, rief Gustav. „Das ist gut!“ Dann schlug er sich kräftig auf seinen Oberschenkel und brüllte vor Lachen.

Auch alle anderen Erwachsenen im Raum fingen nach und nach zu grinsen, kichern und gackern an.

Was war denn jetzt los? Ratlos sah ich mich um. Da winkte mich mein Vater lächelnd zu sich.

„Konrad, Onkel Gustav hat dich eben in den April geschickt. Das war alles nur ein Scherz“, klärte er mich schmunzelnd auf.

„Los, lauf, Junge! Das Fußballspielen hast du dir jetzt verdient“, lachte der Großonkel und winkte mir zum Abschied zu.

Mutter und Vater nickten zustimmend.

„Aber mach dich nicht schmutzig und sei um sechs Uhr zu Hause“, rief mir meine Mutter nach.

„Ja, ja“, antwortete ich im Gehen. Dann spurtete ich los in Richtung Wiese hinter der Kirche. Es gefiel mir zwar ganz und gar nicht, dass Großonkel Gustav mich so aufs Korn genommen hatte. Aber immerhin durfte ich jetzt zu Toni und Bert.

„Vielleicht werde ich die beiden auch in den April schicken“, überlegte ich mir, während ich sie schon von Weitem auf dem Bolzplatz sah. Das würde bestimmt genau so ein Spaß werden wie das Fußballspiel.

Lassen Sie erzählen:

* Wurden Sie schon einmal in den April geschickt?
* Haben Sie sich früher mit jemandem einen Aprilscherz erlaubt?
* Haben Sie als Kind auch gern Fußball gespielt?
* An welche Spiele aus Ihrer Kindheit können Sie sich noch erinnern?

✓ Was Sie noch tun können …

Ein Geburtstagsständchen vortragen

Feiern Sie Geburtstage der Senioren mit einem besonderen Geburtstagsständchen. Engagieren Sie dazu einen Musiker oder fragen Sie nach, wer im Kollegen- oder Bekanntenkreis z. B. Akkordeon oder Gitarre spielt. Das Geburtstagskind darf sich dann einige Lieder wünschen, die gespielt werden.

Am Pferdemarkt

Ende April ging es auf der großen Wiese am Stadtrand jedes Jahr groß her. Jung und Alt freute sich auf den Pferdemarkt. Es war immer ein wahres Fest.

Für die Bauern in der Umgebung war es eine gute Gelegenheit, sich nach einem neuen Arbeitspferd umzusehen. Auch wenn sich immer mehr Bauern einen ersten Traktor leisteten, waren Pferde immer noch eine wichtige Hilfe auf dem Hof. Nach altem Brauch wurde ein Pferdekauf immer per Handschlag festgemacht. Für diejenigen, die keine Pferde für die Feldarbeit benötigten, war es eine willkommene Abwechslung, zu bummeln und sich das Spektakel anzusehen.

Zu den Aufgaben von Bürgermeister Fritz Zimmermann zählte es, den Pferdemarkt alljährlich zu eröffnen.

„Dafür musst du dich aber schick machen“, wies ihn seine Frau Ursula an. Sie wollte als Bürgermeistersgattin vom Bühnenrand aus stolz zu ihrem Mann hochlächeln.

„Nötig wär das aber nicht. Mein alter Anzug ist noch gut“, brummte Fritz.

Aber Ursula fackelte nicht lange. Sie besorgte einen schicken, hellgrauen Anzug und legte ihn am Pferdemarktsonntag für Fritz bereit.

Fritz und Ursula schritten über die Marktwiese. Überall wurden Braune, Füchse, Rappen und Apfelschimmel von den Besuchern bestaunt. Als die Marktbesucher Fritz und Ursula erblickten, warfen einige ihnen neugierige Blicke zu. Dann steckten sie ihre Köpfe zusammen.

„Schau mal, der Herr Bürgermeister“, hörte Ursula immer wieder jemanden neben sich tuscheln. Das war ihr ganz recht. Sie genoss es, als Bürgermeistersgattin Aufmerksamkeit zu bekommen.

„Mein Nero ist ein starker Haflinger. Der zieht garantiert jede Last", pries einer der Pferdehändler sein Ross lautstark an.

Fritz Zimmermann schaute interessiert in seine Richtung. Dann steuerte er lächelnd auf ihn zu.

„Solltest du nicht langsam zur Bühne gehen und deine Rede halten?", flüsterte Ursula.

Aber Fritz ließ sich nicht beirren. Im Vorbeigehen tätschelte er Kinderscheitel, Pferdeköpfe und Hinterteile von Rössern und hob immer wieder grüßend seine Hand.

„Schauen Sie nur", sprach der Pferdehändler den Bürgermeister an, als er sich Nero näherte.

Der Gaul sah wirklich stattlich aus. Seine weiße Stirnblässe verlieh ihm ein elegantes Aussehen.

Ursula versuchte, ihren Mann vom Pferd weg und hin zur Bühne zu ziehen.

„Was soll das Ross denn kosten?", fragte Fritz den Pferdehändler und machte sich von seiner Frau los.

Der Pferdehändler lachte. Er wusste natürlich, dass der Bürgermeister gar kein wirkliches Interesse an seinem Pferd hatte.

Fritz Zimmermann setzte einen fachmännischen Blick auf und schritt einmal um das Pferd herum. Seine Frau Ursula stand mit gerunzelter Stirn und verschränkten Armen etwas abseits und wippte ungeduldig mit dem Kopf.

Gerade als Fritz Zimmermann beim Hinterteil von Nero angekommen war, schob der Haflinger seinen Schweif beiseite.

„Was soll denn das?“, rief Fritz.

Runde Pferdeäpfel purzelten direkt vor seine Füße.

Fritz machte einen Satz nach hinten. Er ruderte heftig mit den Armen. Dann verlor er das Gleichgewicht und fiel nach vorn auf die Knie. Dabei landete er direkt in dem Haufen mit den Pferdeäpfeln.

„Fritz!“, schrie Ursula und rannte zu ihrem Mann.

Die umstehenden Leute reckten ihre Köpfe.

„Los, komm“, zischte Ursula und zerrte ihren Mann hoch. Die hellgraue Hose war mit braunen Flecken übersät. Die ersten Marktbesucher fingen an, zu kichern.

„Kann ich Ihnen helfen, Herr Bürgermeister?“, fragte der Pferdehändler und grinste schadenfroh.

„Sie unverschämter Kerl“, schäumte Ursula und schleppte ihren Mann hinter sich her, zurück nach Hause.

Eine Stunde später erschien der Bürgermeister mit seiner Gattin erneut auf dem Pferdemarkt. Als die Leute das Paar entdeckten, konnten sich die meisten ein Grinsen nicht verkneifen.

Ursula Zimmermann ignorierte das. Fritz aber grinste zurück und winkte den Leuten zu. Dann stieg er ohne weitere Umwege auf die Bühne.

Ursula blieb unten stehen und hielt den Atem an.

„Liebe Pferdemarktbesucher, liebe Pferdehändler! Entschuldigen Sie bitte die Verspätung meiner Eröffnungsrede“, begann Fritz Zimmermann, zu sprechen.

So viele aufmerksame Zuhörer hatte der Bürgermeister bei seiner Markteröffnung noch nie gehabt. Alle schauten grinsend und gespannt zur Bühne.

„Vorhin ist mir leider ein kleines Missgeschick passiert“, gab Fritz zu.

Einige Leute klatschten lachend in die Hände. Andere tuschelten und stießen sich gegenseitig in die Seiten.

„Darum musste ich mich nun erst umziehen.“ Fritz deutete an sich hinab. Zu seinem grauen Jackett trug er jetzt eine schwarze Hose. „Ich möchte Ihnen nur sagen: Man trägt wieder Kombination.“

Die Leute lachten.

„Jetzt verliere ich nicht mehr viele Worte und wünsche Ihnen allen einen gelungenen Pferdemarktsonntag!“

Der Applaus, den die Leute jetzt spendeten, war lauter als bei allen bisherigen Reden des Bürgermeisters. Jetzt musste auch Ursula Zimmermann schmunzeln. Auch wenn ihr Mann manchmal etwas tollpatschig war:
Er war auf alle Fälle ein respektabler Bürgermeister!

Lassen Sie erzählen:

* Gab es bei Ihnen am Ort früher auch einen Pferdemarkt?
* Mögen Sie Pferde?
* Sind Sie schon einmal geritten?
* Hatten Sie früher ein Pferd oder kannten Sie einen Bauern, der Pferde hatte?
* Wozu wurden bei Ihnen früher Pferde benötigt?
* Welche Namen hatten die Pferde früher?

Das Feuerwehrfest

Am Sonntag nach dem 4. Mai gab es bei uns im Dorf jedes Jahr etwas zu feiern. Denn Anfang Mai war Florianitag, der Tag des Heiligen Florians, Schutzpatron der Feuerwehr. Unsere Feuerwehr nahm das zum Anlass, ein großes Fest auszurichten. Es gab Buden, an denen man Dosenwerfen konnte und Stände mit Zuckerwatte und gebrannten Mandeln. Doch das Wunderbarste war, dass es einen Tanzboden gab und auf einer Bühne eine Musikkapelle spielte.

„Darf ich heute mit Mathilde aufs Feuerwehrfest?“, bettelte ich gleich nach dem Mittagessen. Ich war damals 16 Jahre alt und wollte gern mit meiner Freundin und den anderen jungen Leuten unseres Dorfes meinen Spaß haben.

„Wenn du Rüdiger mitnimmst“, war die Antwort meiner Mutter.

„Warum muss ich immer auf den Kleinen aufpassen?“, nörgelte ich. Aber es half nichts. Mein kleiner Bruder Rüdiger sprang bereits begeistert auf und ab.

Als um vier Uhr Mathilde an unserer Tür klingelte, stand mein kleiner Bruder schon fertig angezogen bereit.

„Wir müssen die kleine Rotznase hüten. Ich konnte nichts dagegen machen“, begrüßte ich meine Freundin, als ich aus dem Haus trat.

Auf dem Weg zur Festwiese rannte Rüdiger lachend und klatschend vor uns her.

„Ist doch nicht schlimm, Hedwig. Der kann sich auch allein beschäftigen.“ Mathilda hatte gute Laune und wollte sich die auch nicht verderben lassen. Sie hakte sich bei mir unter und grinste mich an.

Gemeinsam schlenderten wir an den Ständen vorbei und ließen uns den Duft von gebrannten Mandeln um die Nase wehen. Die Musik fuhr mir in die Glieder und ich wiegte mich bei jedem Schritt im Takt hin und her. Neben der Bühne hatten die Feuerwehrleute für die Kinder ihre Kübelspritze befüllt. Dort konnten die Kleinen zu zweit zeigen, wie gut sie zielen konnten. Einer musste pumpen. Der andere hielt den Schlauch und zielte mit dem Wasserstrahl in einen Topf, der etwas entfernt auf einem Tisch stand. Das war eine nasse Angelegenheit. Die Kinder, die dort zugange waren, jubelten vor Vergnügen.

„Rüdiger, geh zu den anderen Kindern. Wir wollen tanzen", scheuchte ich die kleine Nervensäge von uns fort.

Das ließ sich mein kleiner Bruder nicht zweimal sagen. Er rannte schnurstracks zum Zielspritzen und wir hatten endlich unsere Ruhe.

Dann zog ich Mathilda auf den Bretterboden vor die Bühne und reichte ihr meine Hand. Gemeinsam hatten wir schon Wochen vor dem Fest Walzerschritte und Foxtrott geübt. Jetzt konnten wir zeigen, wie gut wir tanzen konnten. Wir wirbelten über die Bretter, dass uns ganz schwindelig davon wurde. Völlig erschöpft machten wir nach zwei Durchgängen Pause am Bühnenrand. Ich strich mir eine Haarsträhne aus dem erhitzten, geröteten Gesicht und hielt nach Rüdiger Ausschau. Ich entdeckte ihn vor der Bude mit den Dosen, wo er staunend zusah, wie zwei ältere Jungen die Büchsen mit wenigen Würfen abräumten. Plötzlich wurde ich von hinten angesprochen.

„Darf ich bitten, Hedwig?"

Ich drehte mich um und meine Wangen wurden sofort noch ein bisschen röter. Hinter mir stand Ewald. Er wohnte zwei Straßen weiter und war schon 19 Jahre. Seit Monaten schwärmte ich für ihn. Aber nur aus der Ferne. Und jetzt stand er dicht bei mir und forderte mich zum Tanzen auf. Ich konnte mein Glück kaum fassen.

„Und, willst du?", fragte er erneut.

Vor lauter Aufregung brachte ich kein Wort heraus. Statt einer Antwort nickte ich nur und schlug verlegen die Augen nieder. Neben mir hörte ich Mathilda kichern. Ewald nahm meine Hand und zog mich auf den Tanzboden.

Die Zeit verging wie im Flug. Abwechselnd tanzte ich immer eine Runde mit Ewald, dann wieder mit

Mathilda. Erschrocken merkte ich, dass es bereits nach acht Uhr abends geworden war. Bevor es dunkel wurde, musste ich mit meinem kleinen Bruder wieder zu Hause sein.

„Wo ist Rüdiger?“, fragte ich Mathilda und sah mich um.

„Vorhin war er beim Zuckerwattestand“, glaubte sie.

Aber dort standen nur noch ein paar Mädchen mit langen Zöpfen. Von meinem Bruder war nichts zu sehen. Ich machte mich auf die Suche. Mathilda und Ewald schlossen sich an. Zu dritt gingen wir über die Festwiese und hielten nach Rüdiger Ausschau.

„Das gibt’s doch nicht. Wo steckt er bloß?“ Langsam machte ich mir wirklich Sorgen. Es fing bereits zu dämmern an. Bei der Kübelspritze war kein Kind mehr.

„Rüdiger!“, rief ich, bekam aber natürlich keine Antwort. Mein Rufen wurde ohnehin von der Tanzmusik übertönt.

„Los, wir teilen uns auf“, schlug Ewald vor.

Er ging in Richtung Bühne, ich sah mich bei den Ständen um und Mathilda suchte am Wiesenrand.

Jeden, den ich kannte, fragte ich nach Rüdiger. Niemand hatte ihn gesehen. Wo konnte er nur stecken? Plötzlich tippte mir jemand auf die Schulter. Ich drehte mich um. Ewald grinste mich an.

„Das musst du dir ansehen", tat er geheimnisvoll und winkte mich hinter sich her.

Ich folgte ihm seitlich an der Bühne vorbei. Hinten war die Bühne offen. Man konnte die Balken sehen, auf denen die Holzbretter auflagen. Ewald deutete zu einer Ecke der Bühnenunterseite.

„Rüdiger!", rief ich.

„Nicht so laut", lachte Ewald.

Mein kleiner Bruder lag unter der Bühne und schlief. Er hatte sich zusammengerollt und die laute Musik über sich schien ihn nicht zu stören. Erleichtert fing ich an, zu kichern. Rüdiger sah aus wie ein kleiner Engel. Dabei war er ein wahrer Teufelsbraten, weil er mir so einen Schrecken eingejagt hatte. Mathilda war mittlerweile zu uns dazugekommen.

„Gut, dass ihr ihn gefunden habt. So eine Aufregung", lachte sie mit. Dann verabschiedete sie sich von Ewald und zwinkerte mir noch verschwörerisch zu, ehe sie ging.

„Ich wecke ihn jetzt und dann müssen wir schleunigst nach Hause", beschloss ich, als Mathilda weg war.

„Da hab ich eine bessere Idee. Lass ihn schlafen. Ich trage ihn huckepack bis zu eurer Haustür“, schlug Ewald vor.

Ich willigte ein. Nicht nur, damit Rüdiger weiterschlafen konnte. So wurde ich von meinem Schwarm auch noch zum ersten Mal bis zur Tür gebracht. Das fühlte sich ganz kribbelig an. Irgendwie war ich Rüdiger für sein Verschwinden jetzt sogar ein bisschen dankbar.

Lassen Sie erzählen:

* Gab es bei Ihnen früher auch ein Feuerwehrfest?
* Welche anderen Feste wurden von Vereinen oder Organisationen in Ihrem Dorf oder Stadtteil gefeiert?
* Was gab es an diesem Fest alles zu sehen?
* Gab es bei diesen Festen auch einen Tanzboden?
* Zu welchen Liedern wurde damals getanzt?

Die Fronleichnams-prozession

Am zweiten Donnerstag nach Pfingsten war das Fronleichnamsfest. Schon seit morgens um halb fünf war Anna auf den Beinen. Es war die Aufgabe der Frauen aus der Pfarrgemeinde, ein prächtiges Blütenbild am Kirchenvorplatz zu legen. Unter Annas, Elses und Margaretes Hand entstand einer der vier Blumenteppiche.

„Dieses Jahr wird die Prozession etwas ganz Besonderes. Denn diesmal darf unsere Irmi im weißen Kommunionkleid mitgehen“, murmelte sie und lächelte voller Vorfreude. Ihre Stimme klang stolz und etwas aufgeregt. „Darum muss ich jetzt gleich nach Hause. Vor dem Frühstück muss ich nämlich noch das Kleid herrichten. Sie soll schließlich anständig aussehen, wenn sie vor den Ministranten und dem Herrn Pfarrer hermarschiert.“

Anna hatte sich bereiterklärt, bei der Prozession neben den Kommunionkindern zu gehen und darauf zu achten, dass sie keinen Unsinn machten. Da musste sie sich natürlich auch ganz besonders herausputzen. Eilig winkte sie Else und Margarete zum Abschied und machte, dass sie nach Hause kam.

„Fesch siehst du aus“, lobte Anna ihre kleine Tochter. Das weiße Kommunionkleid, das Irmi am weißen Sonntag zur Erstkommunion getragen hatte, war ohne Flecken geblieben. Frisch aufgebügelt, sah es aus wie neu. Und das, obwohl Anna es selbst aus zwei alten, verschlissenen Kommunionkleidern ihrer Tanten zusammengeschneidert hatte.

Anna strich den Rock ihres eigenen Kleides glatt und warf einen letzten prüfenden Blick in den Spiegel.

„Ich geh mit Irmi vor", rief sie in die Küche. Ihr Mann Kurt saß dort noch bei einer Tasse Kaffee. Er sollte erst in einer Stunde in der Kirche sein.

Kurt murmelte etwas, das Anna nicht verstand. Sie nahm Irmi an der Hand und machte sich auf den Weg in die Kirche.

Vor dem Kirchenportal warteten schon einige andere Kommunionkinder. Irmi gesellte sich zu ihnen. Alle plapperten wild durcheinander.

„Hört mal zu", versuchte Anna, die Aufmerksamkeit der Kinder auf sich zu lenken. „Ihr wisst ja, dass die Feuerwehr die Prozession anführt."

„Und dann kommen wir!", rief ein Junge.

Anna lächelte nachsichtig und schüttelte den Kopf.

„Nach der Feuerwehr geht die Blaskapelle. Dann kommen die anderen Vereine. Und wer geht dahinter?", fragte Anna.

„Der Herr Pfarrer unter dem Himmel", schlug Irmi vor. Sie wusste von den Jahren vorher, dass der Pfarrer unter einem Baldachin ging, der von vier Männern getragen wurde.

„Nein, dann kommt erst einmal ihr. Und nach den Kommunionkindern gehen die Ministranten, der Pfarrer und am Schluss die Männer und die Frauen. Habt ihr euch das gemerkt?"

Die Kinder nickten. Anna war sich nicht sicher, ob die Reihenfolge der Prozession den Kindern wirklich klar war. Aber das machte nichts. Immerhin war sie da, um für die richtige Ordnung zu sorgen.

Um acht Uhr läuteten die Kirchglocken den Beginn der Fronleichnamsfeier ein. Frauen, Männer und Kinder aus der Pfarrgemeinde hatten in der Kirche Platz genommen. Anna saß in der Bankreihe bei den Kommunionkindern. Die rutschten aufgeregt hin und her, weil sie den Beginn des Umzugs kaum erwarten konnten.

Endlich bat der Pfarrer die Gemeinde nach draußen. Jetzt hatte Anna Mühe, die vielen Kinder beisammenzuhalten. Das Aufstellen für die Prozession dauerte einige Minuten. Dann fing die Musik an, zu spielen und der Zug setzte sich in Bewegung. Erst sollte es in die Müllerstraße gehen. Dort wartete der erste Blumenteppich. Davor würde der Pfarrer ein Evangelium lesen.

Die jungen Burschen von der Feuerwehr, die den Zug anführten, bogen in den Lorenzplatz ein. Anna achtete darauf, dass die Kommunionkinder in einer schönen Zweierreihe liefen.

Als Nächstes bog die Zugspitze nach links in den Rosenweg ab. Anna war so damit beschäftigt, ein Auge auf die Kinder zu werfen, dass ihr daran nichts komisch vorkam. Erst als sie einen Pfeifton hinter sich hörte, stutze sie. Das Pfeifen war leise und fein, weil es beinahe ganz von der lauten Blasmusik der Kapelle geschluckt wurde. Anna befürchtete schon, einer der Jungen pfiff heimlich. Doch als sie sich umwandte, erkannte sie, wer da Töne von sich gab.

Der Pfarrer unter dem Baldachin, der mit beiden Händen die Monstranz hielt, warf Anna einen scharfen Blick zu. Seine Lippen waren geschürzt. Das Pfeifen kam eindeutig von ihm. Anna sah ihn fragend an. Dann ließ sie sich etwas zurückfallen, bis sie neben dem Herrn Pfarrer weiterlief.

„Die laufen in die falsche Richtung", raunte der Pfarrer.

Anna klappte erstaunt ihren Mund auf. Als sie sich umsah, erkannte sie, dass der Pfarrer Recht hatte. Statt in die Müllerstraße ging die Prozession in einem weiten Bogen wieder zurück in Richtung Kirche.

„Ich kümmere mich", flüsterte Anna und nickte dem Pfarrer zu. Sie rannte nach vorn an die Spitze des Zuges. Dort winkte sie hektisch mit den Armen und deutete die richtige Richtung an. Weil die jungen Burschen nicht gleich verstanden, was Anna von ihnen wollte, hakte sie sich kurzerhand beim Anführer des Zuges unter. Mit einem resoluten Schieben nach rechts in die Lerchenfeldallee brachte sie die Prozession wieder auf den richtigen Kurs.

Als der Zug nach dem Umweg doch endlich vor dem Altar in der Müllerstraße zum Stehen kam, zwinkerte der Pfarrer Anna dankbar zu. Schnell stellte sie sich wieder zu den Kommunionkindern. Auf die sollte sie schließlich eigentlich ein Auge werfen.

„Mama, bist du jetzt der Chef von Fronleichnam?“, flüsterte Irmi, als Anna wieder neben ihr stand.

Anna musste schmunzeln.

„Nein, das ist natürlich der Pfarrer. Oder besser gesagt: der liebe Gott.“

Irmi sah ihre Mutter skeptisch an. Aber dann hatte sie keine Zeit mehr, darüber nachzudenken, denn der Zug setzte sich wieder in Bewegung.

Anna winkte die Kinder zu sich. Diesmal würde sie gleich darauf achten, dass die Prozession auf direktem Weg den nächsten Altar ansteuerte.

Lassen Sie erzählen:

* Haben Sie früher auch an Fronleichnamsprozessionen teilgenommen?
* Wer beteiligte sich bei diesen Umzügen?
* Welche Bräuche kennen Sie noch rund um Fronleichnam?

✓ Was Sie noch tun können …

Ein Blumen-Mandala legen

Besorgen Sie einige Hände voll Blütenblätter. Legen Sie die Blüten einige Zeit zum Trocknen auf den Tisch. Schneiden Sie aus Papier einen großen Kreis aus. Unterteilen Sie diesen in vier oder mehr Segmente. Diese Vorlage legen Sie auf den Tisch. Nun können die Senioren die Kreisteile mit Blütenblättern nach Belieben auslegen und gestalten.

Der Polterabend

„Hochzeiten machen Hochzeiten“, hatte meine Großmutter schon immer gesagt. Bei mir und meinem Mann Rudolf hatte sie damit Recht behalten. Alles begann nämlich bei der Hochzeit meiner Freundin Gerlinde – besser gesagt, einen Tag vor ihrer Hochzeit.

„Du kannst schon mal nach angeschlagenem Geschirr Ausschau halten“, sprach mich Gerlinde Ende Mai an. „Am Abend vor unserer Hochzeit machen Peter und ich nämlich einen Polterabend.“

Ich freute mich riesig über die Einladung.

„Was bietest du an dem Abend denn alles an?“, wollte ich wissen.

„Ich dachte an Fliegenpilze aus Eiern und Tomaten. Vielleicht gibt es auch noch einen Käse-Igel. Und natürlich ‚Kullerpfirsiche‘ als Bowle“, überlegte Gerlinde.

„Ich helfe dir beim Vorbereiten“, bot ich an.

Darum verabredeten wir uns am Tag des Polterabends schon für drei Uhr am Nachmittag.

Der Polterabend fand an einem lauen Juniabend bei Gerlindes Eltern statt. Peter, Gerlindes Verlobter, wollte erst kurz vor Beginn des Polterabends eintreffen. Gerlindes Mutter räumte bereitwillig die Küche und so hatten Gerlinde und ich Zeit, Platz und Ruhe, um uns um alles zu kümmern. Wir kochten mindestens zwei Dutzend Eier hart, halbierten Tomaten und höhlten sie aus. Wir schnitten, schichteten und dekorierten um die Wette. Dabei hatten wir viel Zeit, um ausgiebig zu klönen.

„Bist du denn vor morgen schon aufgeregt?“, fragte ich Gerlinde neugierig. Sie war die erste meiner Freudinnen, die nun heiratete.

Gerlinde wurde rot.

„Ein bisschen schon. Das ist ja auch ein großer Schritt", fand sie. „Es wird nun aber langsam Zeit, dass auch dir der Richtige über den Weg läuft", wechselte sie das Thema.

Jetzt war ich es, die rot wurde. Denn ich hatte schon für den einen oder anderen geschwärmt. Die entpuppten sich bald als windige Burschen, mit denen ich nichts zu tun haben wollte. Aber ich hatte die Hoffnung noch nicht aufgegeben.

Kurz vor sechs traf Peter ein. Er warf einen Blick auf die Köstlichkeiten, die Gerlinde und ich zubereitet hatten.

„Ich wusste ja schon, dass ich eine tüchtige Hausfrau abbekommen habe. Aber dass du so leckere Sachen zaubern kannst, hatte ich nicht zu träumen gewagt", scherzte er und legte seinen Arm um Gerlinde.

Gemeinsam trugen wir alle Köstlichkeiten vors Haus. Dort hatte Gerlindes Vater einen Tisch vorbereitet, auf dem wir alles abstellen konnten.

Gerlinde warf einen letzten prüfenden Blick auf das Büfett.

„Jetzt können die Gäste kommen", meinte sie zufrieden.

Nach und nach kamen Verwandte von Peter und Gerlinde, Nachbarn und Freunde. Jeder hatte einen Korb mit altem Geschirr dabei.

„Wir wünschen euch von Herzen Glück für eure Ehe", begann Jakob, Gerlindes Bruder, das Ritual. Er griff nach einem Teller und warf ihn mit aller Kraft auf den Boden. Das Porzellan kam mitten auf den Pflastersteinen vor dem Haus auf und zerbrach in tausend Stücke. Die anderen Gäste schlossen sich an. Es flogen Tassen, Unterteller und Suppenteller.

Ein junger Mann, den ich nicht kannte, hielt gerade ein Glas in der Hand. Er hatte es bereits leer getrunken. Lachend hob er es hoch und holte aus. Ich ahnte, was er vorhatte.

„He, das darfst du nicht!", schrie ich in letzter Sekunde, bevor er das Glas werfen konnte. Ich hatte mich vor ihn gestellt und hielt seinen erhobenen Arm fest.

Verdutzt sah mich der Mann an.

„Wieso? Ich dachte, Scherben sollen dem zukünftigen Brautpaar Glück bringen", meinte er verwirrt.

Ich ließ seinen Arm los.

„Doch nur Porzellanscherben. Glasscherben bringen Pech", erklärte ich und schüttelte missbilligend den Kopf.

„Na, da hast du Peter und Gerlinde vor einem echten Unglück bewahrt", lachte der Mann und ließ seinen Arm mit dem leeren Glas sinken.

„Wir kennen uns ja noch gar nicht", meinte er dann. Er stellte sein Glas auf dem Büfetttisch ab und reichte mir seine Hand. „Rudolf Lehmbach. Ich bin der Cousin von Gerlinde", stellte er sich vor.

Rudolf und ich hatten den restlichen Abend viel Spaß miteinander. Er lobte das Essen, das Gerlinde und ich vorbereitet hatten. Er erkundigte sich, wo ich arbeitete, und erzählte mir von seinen Pferden auf dem Gestüt, das ihm gehörte.

Zu guter Letzt bewahrte er mich noch davor, mich vor allen zu blamieren. Denn als ich versuchte, ein Glas „Kullerpfirsich" zu trinken, schwappte der Pfirsich so sehr im Glas herum, dass ich mich beinahe mit dem Sekt übergossen hätte. Rudolf erkannte die Situation sofort, griff beherzt nach meinem Glas und zog es mir vom Mund. Dann reichte er mir grinsend eine Serviette und brachte mir eine Gabel, um den Pfirsich aus meinem Glas zu fischen.

Am nächsten Tag war die Hochzeitsfeier. Gerlinde war eine wunderschöne Braut und Peter ein stattlicher Bräutigam. Doch noch besser als das Brautpaar gefiel mir Rudolf. Er trug einen schicken Anzug und in seinem Knopfloch am Kragen steckte eine rote Nelke.

Am Abend der Hochzeitsfeier tanzte ich jeden Tanz mit Rudolf. Wir kamen uns näher. Und ein Jahr nach Gerlindes und Peters Hochzeit läuteten schließlich auch für mich und Rudolf die Hochzeitsglocken.

Meine Großmutter war eine kluge Frau. Sie wusste immer schon: „Hochzeiten machen Hochzeiten!“

Lassen Sie erzählen:

* Waren Sie schon einmal auf einem Polterabend?
* Auf welchen Hochzeiten waren Sie eingeladen?
* Woran können Sie sich bei Hochzeiten von früher erinnern?
  - An das Bezahlen der Brautschuhe mit Pfennigen?
  - An Polterabende?
  - An Hochzeitslader?
  - An Brautentführungen?
* Welche Bräuche, die einem Brautpaar Glück bringen, kennen Sie?

Das Laubenfest

Seit 1965 waren wir Mitglied im Kleingartenbauverein. Wir besaßen eine eigene kleine Laube auf dem Kleingartengelände. Die jährliche Pacht von knapp 1 500 Mark sparten wir uns regelmäßig zusammen. Unsere grüne Oase war uns das wert. Wir verbrachten dort jede freie Minute. Besonders schön war es, wenn wir im Sommer an den Wochenenden gemeinsam mit unseren Gartennachbarn kleine Laubenfeste feierten. Jeder brachte etwas mit. Beliebt waren Kartoffelsalat und Bockwürstchen oder Fleischsalat. Zu Kuchen sagten besonders die Männer nicht Nein.

Eines Tages planten wir wieder einmal eine kleine Laubenfeier für das kommende Wochenende am Samstagabend. Diesmal sollte sie in unserem Garten stattfinden.

„Zauberst du deinen unnachahmlichen Frankfurter Kranz für uns, Ingrid?“, fragte Horst von der Laube gegenüber. Man sah ihm an, dass ihm allein beim Gedanken daran das Wasser im Mund zusammenlief.

Ich lachte und klopfte ihm auf seinen stattlichen Bauch: „Da passen sicher noch ein paar Stücke von meinem Kuchen rein, nicht wahr, Horst?“

Seine Frau Margot grinste und bot an: „Ich steuere eine Schüssel Fleischsalat und einen Laib Schwarzbrot bei.“

Zwölf Leute sollten wir werden und die Feier war für abends um sieben geplant.

„Heute ist die Kartenrunde bei uns“, erklärte mir mein Mann Otto am Freitagabend vor unserem Laubenfest.

Das sollte mir nur recht sein. Ich hatte den gesamten Nachmittag bereits für das morgige Fest gebacken und dann noch die Küche wieder auf Hochglanz gebracht. Jetzt wollte ich die Füße hochlegen. Da konnten Karl und Werner ruhig mit meinem Mann im Wohnzimmer spielen. Ich würde einfach früh ins Bett gehen. Vorher schmierte ich den Männern noch ein paar belegte Brote, denn beim Kartenspielen waren sie erfahrungsgemäß immer besonders hungrig.

„Seid nicht so laut", bat ich noch, ehe ich mich verzog. Ich schlief trotz Kartenrunde im Nebenzimmer ganz hervorragend.

Am nächsten Tag packte ich alles für unseren Laubentag. Als ich alles beisammen hatte, wollte ich noch den Frankfurter Kranz für unser Fest am Abend aus dem Kühlschrank holen.

Ich öffnete die Tür und erschrak. Im Kühlschrank lagen Wurst und Käse. Es standen Milch und Butter drin. Aber von meinem Kuchen war dort keine Spur. Ich schob den Kühlschrankinhalt hin und her, als ob dadurch der Kuchen vielleicht doch noch auftauchen würde. Hatte ich nur geträumt, dass ich am Vortag Frankfurter Kranz gemacht hatte?

„Otto!“, rief ich verzweifelt. Mein Mann musste mir suchen helfen.

Ich zog alle Schranktüren und Schubläden in der Küche auf. Nirgendwo war ein Kuchen. Die Kuchenplatte, auf die ich gestern den Kranz gestellt hatte, war hingegen sauber im Hängeschrank über der Spüle, wo sie hingehörte.

„Das gibt es doch nicht“, murmelte ich verzweifelt vor mich hin.

Endlich kam Otto in die Küche.

„Was ist denn los, Ingrid?“, fragte er zögernd. Er sah sich in der Küche um und entdeckte, dass Schubläden und Schranktüren offen standen.

„Der Kuchen hat sich einfach in Luft aufgelöst“, flüsterte ich.

Otto räusperte sich und trat von einem Fuß auf den anderen.

„Weißt du …“, fing er an, zu stottern.

Ich unterbrach ihn: „Nein, ich weiß wirklich nicht, wo ich ihn hingestellt haben könnte.“

„Ingrid, ich …“, stammelte er weiter.

„Du weißt, wo er ist?“, fragte ich hoffnungsvoll.

Otto nickte zerknirscht.

„Du weißt doch, dass wir alle deinen Frankfurter Kranz so gern mögen. Auch Karl und Werner."

Ich ahnte Schreckliches. Meine Augen hatte ich zu Schlitzen zusammengepresst und meine Arme verschränkt.

„Weiter!", forderte ich Otto auf.

„Naja, die Jungs von der Kartenrunde und ich hatten gestern noch so einen unglaublichen Hunger. Und da habe ich im Kühlschrank deinen Kuchen entdeckt."

Otto kratzte sich verlegen am Kopf.

Diese verflixten Kerle hatten also meinen Frankfurter Kranz verputzt. Ich konnte es kaum fassen. Mindestens eine halbe Stunde zeterte und schimpfte ich.

„Horst schadet das gar nicht, wenn es einmal keine fette Torte gibt", meinte Otto kleinlaut.

Aber dann hatte er doch eine Idee, wie er mich wieder etwas milde stimmen konnte. Er ging in den Keller und kam kurze Zeit später wieder.

„Hier", meinte er und hielt mir eine Pralinenschachtel unter die Nase. „Ist zwar kein Frankfurter Kranz, aber immerhin süß."

„Wo hast du die denn jetzt her?", fragte ich verwundert.

„Aus meinem Geheimversteck in der Werkstatt", gab Otto zu. „Die Pralinenschachtel hat mir letzte Woche eine Kundin geschenkt, nachdem sie so zufrieden mit der Reparatur ihres Wasserhahns war."

Nun musste ich doch grinsen.

„Du spendest für unser Laubenfest also deinen Notvorrat", lachte ich.

Otto zuckte mit den Schultern und nahm den Korb mit den Sachen für unseren Laubentag.

„Nun komm schon", meinte er und ging voran zu unserem Auto.

Die Feier in der Laube am Abend war ein voller Erfolg. Ich erzählte die Geschichte vom verschwundenen Frankfurter Kranz ein ums andere Mal. Otto brummte immer nur schuldbewusst dazu. Und Horst, Erika und die anderen Gartennachbarn hielten sich ihre Bäuche vor Lachen. Ottos Pralinen ließen sich alle besonders schmecken und lobten sie grinsend über alle Maße.

„Aber für das nächste Laubenfest gibt es wieder Frankfurter Kranz, versprochen!", meinte ich und alle anderen klatschten zustimmend.

Lassen Sie erzählen:

* Welchen Kuchen haben Sie früher am liebsten gegessen?
* Haben Sie früher gern gebacken?
* Erinnern Sie sich an ein Sommerfest im Garten?
* Was gab es zu privaten Feiern bei Ihnen früher zu essen?

✓ Was Sie noch tun können …

Kuchen naschen

Besorgen Sie sich eine Auswahl an Kuchen und Torten. Schneiden Sie das Gebäck in kleine, mundgerechte Stücke und richten Sie diese schön auf einem Teller an. Reichen Sie den Teller herum und lassen Sie Ihre Zuhörer kosten.

Auf der Kirmes

Ende September hieß es in unserer kleinen Stadt jedes Jahr: „Auf geht's zur Kirmes!“

In den 1950er-Jahren war ich ein junger Bursche und hatte meine Freude am Feiern. Besonders gern mochte ich den Schießstand auf der Kirmes. Dort konnte ich zeigen, dass ich Zielwasser getrunken hatte. Aber mir gefiel auch das Festzelt, in dem Blasmusik gespielt und dazu geschunkelt wurde. Mir persönlich hätte ja Rock'n'Roll-Musik von Elvis besser gefallen. Doch das hatte unser Stadtrat damals strengstens untersagt. Denn sie befürchteten, dass die Jugend dadurch negativ beeinflusst werden könnte.

„Lothar, nimmst du mich mit auf die Kirmes?“, bettelte meine zwei Jahre jüngere Cousine Helga schon Wochen vor dem Festbeginn. Meine Tante Ingeborg war ziemlich streng und ließ Helga mit ihren 16 Jahren nicht aus den Augen. Aber mit mir als Aufpasser würde Helga sicher auch abends auf die Kirmes gehen dürfen. Ich ließ mich eine Weile bitten, dann sagte ich zu.

„Na gut, aber benimm dich anständig“, neckte ich sie.

Helga knuffte mich mit beiden Händen in die Seite. Dann grinste sie breit.

Als sie ihrer Mutter unterbreitete, dass sie mit ihrem großen Cousin auf die Kirmes wollte, hatte meine Tante noch einige Bedingungen: „Lothar, denk daran:
Du hast die Verantwortung. Bring Helga pünktlich um zehn wieder nach Hause, hörst du. Und zwar persönlich!“

Ich seufzte. Da hatte ich mir ja etwas Schönes aufgehalst.

Am Kirmessamstag holte ich Helga um sechs Uhr abends ab. Ich hatte mein Fahrrad dabei.

„Na, prima! Und ich soll wohl nebenherlaufen", maulte Helga, als ich mich auf den Sattel schwang.

„Kannst du natürlich gern machen", grinste ich. „Aber eigentlich dachte ich, ich nehm dich auf meiner Stange mit."

Helgas Gesicht hellte sich auf. Sie setzte sich seitlich auf die Fahrradstange.

Ich griff mit meinen Armen um sie herum und schon konnte es losgehen. „Halt still", musste ich immer wieder rufen, weil Helga auf ihrem Platz so zappelte. Beinahe hätte ich einmal das Gleichgewicht verloren. In letzter Sekunde riss ich den Lenker herum und brachte uns wieder auf Spur. Gut, dass ich so ein geübter Radfahrer war!

Auf der Kirmes angekommen, stellte ich meinen Drahtesel hinter dem Festzelt ab.

„Du hast ja die kleine Helga mitgebracht." Mein Freund Harald hatte uns entdeckt und kam grinsend auf Helga und mich zu.

Meine Cousine streckte ihm die Zunge heraus. Hinter Harald kam ein junger Bursche, den ich nicht kannte.

Er musterte erst mich, dann Helga. Danach machte er sich wortlos wieder aus dem Staub.

„Wer war das denn?“, fragte ich Harald.

„Den kenn ich“, mischte sich Helga ein. „Das war doch der Bernhard. Du weißt schon: der, der beim Maler Kurz als Geselle arbeitet.“

Na, die Kleine kannte sich aus. Ich zuckte mit den Schultern und murmelte: „Komischer Kauz.“ Dann winkte ich Helga hinter mir her und wir gingen gemeinsam mit Harald eine Runde über die Kirmes.

„Bitte geh mit mir in die Schiffschaukel, Lothar“, bettelte Helga. Am Glücksrad hatte sie leider nichts gewonnen. Trotzdem waren ihre Wangen vor Aufregung ganz rot.

„Auf keinen Fall“, meinte ich. Eine Schiffschaukel war etwas für Kinder und Mädchen, fand ich.

„Lass uns lieber ins Zelt gehen“, schlug ich vor.

Harald schloss sich uns an. Hinter der Plane war es viel wärmer als draußen. Die Luft war dampfig und die Stimmung gut. Harald und ich genehmigten uns ein Bier. Helga bezahlte ihre Limonade von ihrem Kirmesgroschen, den ihr Tante Ingeborg zugesteckt hatte.
Wir sangen, schunkelten und lachten. Plötzlich stupste mich Helga an und wedelte hektisch mit ihren Händen.

„Es ist schon beinahe zehn!“, schrie sie mir ins Ohr, um die Musik zu übertönen.

Ich klopfte Harald zum Abschied auf die Schulter und erhob mich. Es half ja nichts! Schließlich hatte ich Tante Ingeborg versprochen, Helga pünktlich und persönlich zu Hause abzuliefern.

Mit meinem Fahrrad spielte ich wieder Taxi und ließ Helga auf meiner Stange mitfahren. Diesmal klappte es schon besser, denn Helga hielt schön still. Ich lieferte meine Cousine wie besprochen ab. Helga war beseelt von dem schönen Kirmesbesuch und Tante Ingeborg zufrieden mit mir als Aufpasser. Ich verabschiedete mich von den beiden und machte mich auf den Heimweg. Gemächlich trat ich in die Pedale.

Ich fuhr gerade am Klostergarten vorbei, als plötzlich etwas aus den Büschen kam und gegen mich stieß. Ich konnte das Gleichgewicht nicht mehr halten und fiel mitsamt meinem Fahrrad um. Erst war ich nur verblüfft und erschrocken. Dann merkte ich, dass mein Knie schmerzte. Ich wollte mich gerade aufrichten, da stürzte sich eine Gestalt auf mich und packte mich am Kragen.

„Lass gefälligst die Finger von Helga, hörst du!“, zischte sie mir ins Ohr.

Erst jetzt, so nah vor meinem Gesicht, erkannte ich, wer der Kerl war: Bernhard, der Malergeselle!

„Lass mich sofort los!“, keuchte ich.

„Erst wenn du verstanden hast, dass du Helga in Ruhe lassen sollst.“

Ich verstand erst gar nichts. Dann dämmerte es mir langsam. Obwohl ich in einer alles andere als komischen Situation war, musste ich dennoch grinsen. Das reizte Bernhard wohl noch mehr, denn sein Griff wurde fester.

„Halt, warte. Du hast da etwas missverstanden“, versuchte ich, ihn zu beruhigen. Bevor Bernhard noch fester zudrücken konnte, presste ich hervor: „Helga ist meine kleine Cousine. Ich sollte heute auf sie aufpassen.“

Bernhard riss die Augen auf. Dann ließ er mich los und rappelte sich auf. Verlegen streckte er mir seine Hand hin und zog mich hoch.

„Das wusste ich nicht“, gab Bernhard kleinlaut zu. Dann drehte er auf den Hacken um und verschwand hinter den Büschen des Klostergartens.

Ich sah ihm nach und schüttelte den Kopf. Da musste ich wohl in Zukunft tatsächlich gut auf Helga aufpassen. Denn dieser Bernhard war wirklich ein Hornochse und damit kein guter Umgang für meine Cousine!

Lassen Sie erzählen:

* War bei Ihnen in der Umgebung früher auch Kirmes?
* Was haben Sie früher auf der Kirmes am liebsten gemacht?
* Haben sich bei Ihnen früher auf der Kirmes auch erste Liebschaften entwickelt?
* Gab es auf der Kirmes bei Ihnen früher Raufereien?

✓ Was Sie noch tun können …

Popcorn selbst machen

Sorgen Sie für „Kirmes-Atmosphäre“: Besorgen Sie sich Popcorn-Mais. In einem Topf auf dem Herd oder in einer Popcorn-Maschine bereiten Sie die Knabberei frisch zu. Mit etwas Butter, Salz oder Zucker verfeinert, reichen Sie den warmen, gepoppten Mais an Ihre Zuhörer.

Das Richtfest

Es war Anfang der 1960er-Jahre und ich hatte damals meine erste Anstellung als junger Lehrer. Seit einem Jahr war ich mit meiner Frau Elisabeth verheiratet und jetzt erwartete sie unser erstes Kind. Damals wohnten wir bei Elisabeths Eltern im Obergeschoss. Das war zwar praktisch, dennoch beschlossen wir, dass es nun an der Zeit sei, etwas Eigenes zu haben. Neben dem Haus meiner Schwiegereltern gab es einen schönen Bauplatz, der auch für mich als Junglehrer erschwinglich war. Darum machten wir uns daran, ein Eigenheim zu bauen.

Mein Onkel war Maurer und mein Schwiegervater Zimmermann. So hatten wir einige Fachmänner in der Familie.

„Sobald der Dachstuhl auf dem Haus ist, wird Richtfest gefeiert", ordnete mein Schwiegervater nach sechs Monaten Bauzeit an.

„Ich back einen leckeren Kuchen", schlug meine Frau Elisabeth vor.

„Na, das wird nicht reichen", lachte ihr Vater.

„Als Erstes braucht ihr einen Richtbaum. Dann muss noch Bier und etwas Ordentliches zu essen für die Bauhelfer her", ergänzte mein Schwiegervater.

„Richtbaum und Bier besorge ich", meinte ich eifrig.

„Und um das Essen kümmere selbstverständlich ich mich", mischte sich meine Schwiegermutter ein.

Na, dann konnte das Richtfest ja kommen.

An einem warmen Septemberabend stieg die Feier. Den Baum hatte ich ohne Schwierigkeiten vom Förster bekommen. Elisabeth hatte die kleine Fichte noch mit

Bändern aus Stoffresten verschönert. Jetzt stand das Bäumchen hoch oben auf dem Dach unseres halbfertigen Hauses. Vor dem Rohbau hatten sich alle Nachbarn und Helfer versammelt. Mein Onkel Heinrich war mit von der Partie. Und natürlich meine Schwiegereltern. Mein Schwiegervater nahm sich eine Flasche von dem Bier, das ich besorgt hatte, stellte sich auf ein paar aufeinandergestapelte Ziegelsteine und bat um Aufmerksamkeit.

„Moment!“, rief ihm meine Schwiegermutter zu. „Ich muss noch den Herd einschalten.“ Wie der Blitz lief sie in ihr Haus neben unserem Rohbau und hantierte in der Küche herum.

„Sie hat zur Feier des Tages einen Eintopf gezaubert“, informierte mich Elisabeth augenzwinkernd.

Ich nickte voller Vorfreude. Meine Schwiegermutter war eine hervorragende Köchin und das Essen für unser Richtfest würde sicher ganz wunderbar schmecken.

Mein Schwiegervater trat ungeduldig von einem Bein auf das andere, während er auf seine Frau wartete.

„Mutti hat sich extra einen Kelomat gekauft, damit das Essen für heute besonders schnell fertig ist“, erklärte Elisabeth.

Weil ich meine Frau etwas ratlos anstarrte, klärte sie mich über dieses Hausfrauenthema auf: „Das ist ein Dampfkochtopf, der alles blitzschnell gart."

Ich nickte, aber in Gedanken war ich eigentlich schon bei der bevorstehenden Rede meines Schwiegervaters.

Endlich erschien meine Schwiegermutter wieder. Die Rede des Zimmermanns konnte beginnen:

„Mit Fleiß und vieler Helfer Hände
entstanden diese Ziegelwände.
Wir hatten zudem Gottes Segen,
daran ist stets alles gelegen."

Er machte seine Sache gut. Weil es aber hier um mein Haus und um das meiner Frau ging, war so eine Rede des Zimmermanns natürlich etwas ganz Besonderes. Nach weiteren Versen schloss er mit den Worten:

„Für alle, die im Haus dann leben
Zufriedenheit und Glück soll's geben.
Dazu Gesundheit allezeit.
Jetzt wird gefeiert – es ist so weit!"

Kaum hatte er das letzte Wort gesprochen, gab es plötzlich einen riesigen Knall. Zuerst dachte ich, das würde auch zur Richtfestrede dazugehören. Darum fing ich an, zu klatschen. Aber dann sah ich, wie meine Schwiegermutter in ihr Haus stürmte. Wenige Augenblicke später kam sie kreideweiß im Gesicht wieder herbeigelaufen.

„Der Kelomat …", stammelte sie.

Mein Schwiegervater schaute sie genauso ratlos an wie ich. Nur meine Frau Elisabeth begriff.

„Oh, mein Gott", murmelte sie und lief gemeinsam mit ihrer Mutter in deren Küche.

Weil ich kurze Zeit später ein gedämpftes Schluchzen vernahm, ging ich den beiden Frauen nach. Auch mein Schwiegervater folgte mir.

In der Küche meiner Schwiegereltern erwartete uns ein Schlachtfeld. Überall auf dem Boden, an der Küchenwand und rund um den Herd klebten Erbsen, Karotten und Klumpen einer unkenntlichen Masse.

„Der Dampfkochtopf ist explodiert", informierte mich Elisabeth und wischte sich über die tränennassen Augen.

Mein Schwiegervater musterte den Topf und dessen Deckel.

„Den darf man nicht bis zum Rand füllen", stellte er nüchtern fest.

„Sind wir froh, dass niemand in der Küche war und euch nichts passiert ist“, versuchte ich, meine Frau und meine Schwiegermutter zu beruhigen.

Elisabeth hatte sich als Erste wieder unter Kontrolle. Sie rannte nach draußen. Dort stellte sie sich auf die aufgestapelten Ziegelsteine, auf denen ihr Vater eben noch gestanden hatte. Wir waren ihr gefolgt und lauschten neugierig ihren Worten. Sie erklärte den Bauhelfern und Nachbarn, was passiert war, und endete mit der Bitte:

„Jetzt haben wir kein Richtfest-Essen. Darum wollte ich euch bitten, etwas beizusteuern.“

Das ließen sich unsere Helfer nicht zweimal sagen. Jeder, der in der Nähe wohnte, lief nach Hause und holte etwas Essbares. Mir fiel ein Stein vom Herzen. Das Richtfest war gerettet. Das Essen schmeckte ganz wunderbar, auch wenn es natürlich kein Vergleich zum Eintopf meiner Schwiegermutter war.

Noch Jahre später erzählten die Leute in unserer Nachbarschaft von diesem besonderen Richtfest. Und die gute Nachbarschaft ist uns bis heute erhalten geblieben.

Lassen Sie erzählen:

* Waren Sie schon einmal auf einem Richtfest?
* Haben Sie auch ein Haus gebaut oder Ihre Wohnung renoviert?
* Was wurde bei Ihnen früher an Festen und Feiern gegessen und getrunken?

✓ Was Sie noch tun können …

Eintopf kochen

Besorgen Sie unterschiedliches Gemüse und Brühwürfel für einen deftigen Eintopf. Waschen, putzen und schneiden Sie gemeinsam mit den Senioren das Gemüse. Geben Sie alle Zutaten in einen Topf. Gießen Sie das Gemüse mit Brühe auf, bis alles davon bedeckt ist. Lassen Sie den Eintopf so lange köcheln, bis die Gemüsestücke weich sind. Reichen Sie jedem einen Teller mit Eintopf.

Das Kartoffelfeuer

„Mann, das ist ja ein Ding", staunte Gerd.

Wie jedes Jahr half er in den Kartoffelferien auf dem Hof von Bauer Grünhagen bei der Ernte. Dieses Jahr hatte sich der Bauer als Erster im Dorf einen Kartoffelroder angeschafft.

„Mit dem haben wir die Kartoffel doppelt so schnell vom Feld", schwärmte Grünhagen.

Gerd und die anderen Erntehelfer umrundeten das Gerät, das der Bauer an seinen Traktor gespannt hatte.

„Dann tut mir dieses Jahr der Rücken nur halb so weh", lachte Renate. Sie war derselbe Jahrgang wie Gerd und verbrachte ihre Kartoffelferien ebenso auf Grünhagens Feld.

Das gefiel Gerd besonders gut. Denn er hatte schon länger ein Auge auf Renate geworfen. Vielleicht ergab sich ja bei der Kartoffelernte eine Gelegenheit, wie er ihr etwas näher kommen konnte.

Ganz ohne Handarbeit ging es aber doch nicht. Gerd und seine Schulkameraden, die bei Grünhagen mithalfen, hatten trotzdem viel zu tun. Sie mussten nach dem Ausgraben mit dem Roder die Kartoffeln einsammeln und in Körbe legen. Die Bäuerin füllte gemeinsam mit Renate und anderen Helfern die Kartoffeln aus den Körben schließlich in Säcke um. Die wurden dann auf einen Wagen gehoben und auf den Hof gebracht.

Dieses Jahr war der Kartoffelacker dank des Kartoffelroders wirklich in wenigen Tagen abgeerntet.

„Jetzt machen wir ein Feuerchen", freute sich Gerd. Das war das Beste an der gesamten Kartoffelernte, fand er.

Die Burschen hatten das trockene Kartoffelkraut zu Haufen aufgeschichtet. Gerd hatte schon vor dem Anzünden der Haufen den herrlichen Geruch des Kartoffelfeuers in der Nase. Als die Kartoffelkrauthaufen angezündet wurden, rauchte und qualmte es.

Gerd sah sich um. Renate ging über den Acker, um liegen gebliebene Kartoffeln aufzulesen und in einen Eimer zu legen.

„Bring mir auch ein paar mit", rief Gerd ihr zu.

Renate lachte und sammelte weiter.

Bis zum Abend war das Kartoffelfeuer heruntergebrannt. Alle Helfer hatten sich um eine der Feuerstellen versammelt. Renate hatte die gesammelten Kartoffeln aus dem Eimer genommen und in die Glut gelegt.

„Bis die gar sind, dauert es eine Weile", stellte Gerd fest.

Renate reagierte nicht.

Gerd wollte doch so gern ihre Aufmerksamkeit auf sich lenken! Er überlegte, wie er sie noch ansprechen könnte. Aber dann hatte er eine andere Idee.

„Wusstest du eigentlich, dass ich ziemlich mutig bin?", raunte er Renate zu.

Renate sah Gerd fragend an.

Gerd zögerte nicht lange und ging einige Schritte zurück.

„Schau, ich springe übers Kartoffelfeuer!", rief er und nahm Anlauf.

„Lass das!“, wollte Renate ihn bremsen.
Aber da war er schon abgesprungen.

Der Absprung sah noch sehr gekonnt aus. Doch dann verfehlte Gerd die andere Seite der Feuerstelle. Er landete auf dem Boden mit einem Arm in der Glut.

„Au!“, schrie er und wälzte sich schnell zur Seite.

Renate sprang auf. Sie schnappte sich den Eimer, in den sie vorher die Kartoffeln gelegt hatte. Damit rannte sie zum Graben neben dem Feld. Der führte etwas Wasser, das Renate blitzschnell in den Eimer schöpfte. Wenige Augenblicke später war sie zurück und kippte das Wasser aus dem Eimer kurzerhand über Gerd aus.

Der prustete erschrocken. Renate hatte nicht besonders gut gezielt. Nicht nur sein Arm wurde von dem Wasser gekühlt. Gerd war nass von Kopf bis Fuß.

Renate und die anderen konnten sich kaum halten vor Lachen. Nur Gerd lachte nicht mit. Er zog seinen Kopf ein und rannte nach Hause. Eine halbe Stunde später kam er in trockenem Hemd und Hose wieder.

„Es ist nichts passiert“, murmelte er und wedelte mit seinem Arm herum.

„Du kommst gerade zur richtigen Zeit. Jetzt sind die Kartoffeln gar“, empfing Renate ihn lachend.

Gerd setzte sich neben sie und grinste schief.

Gerd angelte mit einem Ast zwei Kartoffeln aus der Glut. Eine davon schob er Renate hin. Als er die schwarze, verbrannte Schale von seiner Kartoffel pellte, schielte er immer wieder zu ihr hinüber.

„Ach, ist das gut“, seufzte Renate.

„Meinst du die Kartoffeln oder wie gekonnt ich die Kartoffeln aus der Glut geschoben habe?“, fragte Gerd.

Renate lachte.

„Du bist ein ziemlicher Angeber“, sagte sie. Und dann aßen sie beide das Innere der verkohlten Kartoffeln.

Gerd war ganz zufrieden mit sich. Seit seinem Sprung über die Kartoffelfeuerglut redete Renate immerhin mit ihm. Vielleicht hatte er ja doch Chancen. Die nächste Kartoffel, die er aus der Glut holen würde, sollte auf alle Fälle auch Renate bekommen.

Lassen Sie erzählen:

* Haben Sie früher auch bei der Ernte von Kartoffeln, Gemüse oder Getreide geholfen?
* Gab es früher bei Ihnen auf den Feldern auch Kartoffelfeuer?
* Haben Sie gern Kartoffeln oder etwas anderes im Feuer gegrillt?

✓ Was Sie noch tun können …

Gegrillte Kartoffeln

Schrubben Sie die Schale von kleinen Kartoffeln. Vierteln Sie die Kartoffeln und legen Sie sie auf ein mit Backpapier ausgelegtes Backblech. Geben Sie etwas Olivenöl, Salz und einige getrocknete Kräuter über die Kartoffelspalten. Lassen Sie die Kartoffeln bei 180 °C ca. 35 Min. im Backofen garen. Bieten Sie anschließend den Senioren die fertigen Kartoffeln an.

Das Erntedankfest

„Bis morgen muss alles für die Messe vorbereitet sein", trieb Christa die Mädchen zur Eile an.

Der morgige Sonntag war der erste im Oktober. An dem fand wie jedes Jahr das Erntedankfest statt. Die jungen Mädchen aus der Gemeinde hatten die Aufgabe, vor dem Altar Feldfrüchte besonders schön zu arrangieren.

„Es würde ja alles viel schneller gehen, wenn ich nicht auch noch Egon hüten müsste", jammerte Gerda.

Sie hatte wirklich Freude daran, mit ihren Freundinnen die Kirche zu schmücken. Aber als Mutter zu ihr sagte: „Egon musst du mitnehmen. Ich muss weg. In der Kirche macht er sicher keinen Unsinn", wäre sie am liebsten zu Hause geblieben.

„Ach, komm, wir werfen eben alle ein Auge auf den kleinen Bengel", tröstete sie ihre Freundin Olga, die draußen vor der Tür auf Gerda wartete.

Und so machten sie sich also zu dritt auf den Weg zur Kirche: Vorneweg Egon, der vergnügt herumhüpfte. Hinter ihm die tuschelnden Freundinnen.

Der Erntealtar sah schon sehr schön aus. Ganz hinten lag ein dicker, oranger Kürbis. Vorn auf einer Decke hatten die Mädchen Äpfel, Birnen und Rüben verteilt. Dazwischen standen blaue Herbstastern. Gerade legte Gerda noch einmal Hand an. Sie schob die Äpfel ein Stück näher zusammen. Plötzlich flitzte Egon an ihr vorbei und griff dabei nach einem Apfel. Genüsslich biss er hinein.

„He, lass das!", schimpfte Gerda mit dem kleinen Taugenichts.

„Lass ihn doch", lachte Olga. „Die Äpfel sehen so gut aus. Ich würde auch am liebsten in einen hineinbeißen."

Gerda warf ihrer Freundin einen bösen Blick zu. Wie kam sie nur auf die Idee, ihr so in den Rücken zu fallen. Gerda schnappte sich ihren kauenden Bruder am Kragen und zog ihn zur ersten Kirchenbank.

„Setz dich und rühr dich nicht vom Fleck. Der liebe Gott sieht genau, wenn du Unsinn machst", warnte sie und hob drohend ihren Zeigefinger.

„Hörst du das?", fragte Olga, als alle Früchte am richtigen Platz lagen.

Draußen war das Geklapper von Pferdehufen zu hören, das immer näher kam.

„Das ist bestimmt der Erntewagen", vermutete Gerda.

Die beiden huschten nach draußen und sahen sich um. Und wirklich: Um die Ecke des Kirchplatzes kam der wunderschön geschmückte Wagen, der von zwei Pferden gezogen wurde.

„Das haben die Burschen aber schön gemacht", schwärmte Olga.

Die jungen Männer brachten den fertigen Erntewagen für den Umzug am kommenden Tag in eine Scheune auf den Hof neben der Kirche. Hinter den Mädchen war Egon aufgetaucht und schaute wie die beiden Freundinnen dem Gespann mit offenem Mund nach.

„Jetzt müssen wir nur noch zusammenfegen. Dann sind wir fertig“, freute sich Olga.

Die beiden Mädchen gingen zurück in die Kirche. Egon folgte ihnen. Gerda griff nach dem Handbesen und beugte sich über die Früchte beim Altar. Plötzlich fuhr sie hoch.

„Ich habe dir doch gesagt, du sollst das lassen“, blaffte sie ihren Bruder an. Sie nahm eine Birne hoch und hielt sie Olga hin. „Schau, er hat schon wieder genascht“, rief sie außer sich.

Es war ganz deutlich zu sehen, dass jemand ein winziges Stück von der Birne abgebissen hatte.

„Pst, nicht so laut. Wir sind doch in der Kirche“, beschwichtigte Olga ihre Freundin.

Doch Gerda hatte genug.

„Ich war es nicht“, jammerte Egon und verkroch sich unter einer Kirchenbank.

Gerda waren die Ausreden ihres kleinen Bruders egal. Sie stürzte mit großen Schritten auf ihn zu.

Auf einmal ertönte ein markerschütternder Schrei, der durch die ganze Kirche hallte. Gerda fuhr herum. Am Altar stand Olga und starrte stocksteif auf die Erntefrüchte.

Gerda eilte zu ihrer Freundin. Von dem Schrei alarmiert, kam nun auch der Küster angelaufen.

„Was ist denn passiert?", fragte er besorgt.

Olga sagte nichts. Sie deutete nur auf die Äpfel zu ihren Füßen. Gerda hielt sich erschrocken die Hand vor den Mund. Der Küster folgte dem Blick der beiden Mädchen. Egon kam zögerlich hinzu. Da fing der Küster an, schallend zu lachen.

„Wir haben einen kleinen Gast im Gotteshaus", stellte er fest.

Zwischen dem Obst und den Rüben spazierte eine kleine, braune Maus. Sie ließ sich von den Menschen kein bisschen stören, sondern schnupperte seelenruhig an all den Köstlichkeiten.

Der Küster verschwand und kam kurze Zeit später mit einer Mausefalle und einem Stück Speck wieder.

„Ihr könnt ruhig nach Hause gehen. Den Altar habt ihr wirklich schön gemacht. Ich kümmere mich darum, dass unsere kleine Kirchenmaus ihn bis morgen nicht aufgegessen hat", lachte er und zwinkerte den Mädchen zu.

Das ließen sich Gerda und Olga nicht zweimal sagen. Gerda griff nach der Hand ihres kleinen Bruders. Aber der rührte sich nicht vom Fleck.

„Ich will hier bleiben und bei der Mäusejagd zusehen“, bettelte Egon.

Der Küster drehte sich um.

„Lass ihn ruhig da. Ich bringe ihn nachher zu euch nach Hause“, schlug er vor.

Egon strahlte.

„Wenigstens haben wir jetzt von dem kleinen Plagegeist unsere Ruhe“, murmelte Gerda, als sie Seite an Seite mit ihrer Freundin nach Hause ging.

Olga nickte. Doch sie hatte gar nicht richtig zugehört. Statt einer Antwort meinte sie: „Hoffentlich wird der Küster mit dem Ungetüm fertig.“

„Mein Bruder ist schon eine Nervensäge. Aber ein Ungetüm ist er eigentlich nicht“, antwortete Gerda verwundert.

„Ich meine doch die Maus“, lachte Olga. „Denn wenn die morgen immer noch da ist, schwänze ich den Erntedankgottesdienst. Das kannst du mir glauben.“

Lassen Sie erzählen:

* Erinnern Sie sich noch an ein Erntedankfest von früher?
* Gab es in Ihrem Ort besondere Bräuche zu Erntedank?
* Haben Sie früher bei der Ernte mitgeholfen?
* Welche Früchte und welches Gemüse essen Sie besonders gern?
* Können Sie sich erinnern, dass eine Maus sich an Lebensmitteln gütlich getan hat?

Beim Abfischen

Jedes Jahr im Oktober wurde bei uns am Stadtrand das Wasser aus den Fischteichen abgelassen. Sobald der Teich weit genug abgelaufen war, konnten die Fische aus dem niedrigen Wasser geholt werden. Das Abfischen der Karpfen war immer ein großes Fest. Bei Musik saß man dann nach getaner Arbeit gemütlich beisammen und feierte den Fang.

Mitte der 1950er-Jahre war ich noch Junggeselle und ließ keine Feier aus. Darum war ich natürlich auch beim

Abfischen ganz vorn mit dabei. Das war eine harte Arbeit. Aber am Teichufer standen immer ein paar hübsche, junge Mädchen, die ein Auge auf mich und die anderen Helfer warfen. Es machte mir also wenig aus, kräftig anzupacken.

Ich und die anderen Helfer stapften mit unseren Gummistiefeln in das seichte, kalte Teichwasser.

„Petri Heil, Johannes", wünschte mir mein Kamerad Erich.

Ich grüßte zurück, klatschte in die Hände und legte los.

Das Netz wurde ausgebracht und dann nach und nach eingeholt. Immer enger zogen wir von allen Seiten das Netz in Richtung Ufer zusammen. Wir konnten schon sehen, dass darin jede Menge Fische zappelten.

„Das wird dieses Jahr ein großer Fang", meinte Erich.

Trotz Kälte kamen wir alle ins Schwitzen. Ich wischte mir den Schweiß von der Stirn. Dabei warf ich einen Blick ans Teichufer. Dort standen bereits einige Mädchen und schauten dem Spektakel zu.

Ich erkannte Anneliese an ihren dicken, blonden Zöpfen und Hermine an ihren wilden, roten Locken. Ich konnte nicht sagen, welche von beiden mir besser gefiel. Sie waren beide eine wahre Augenweide. Ob ich eine der beiden am Abend zum Tanzen auffordern sollte? Grüßend hob ich meine Hand. Die beiden fingen an, zu kichern, und tuschelten hinter vorgehaltener Hand, während sie mir verstohlene Blicke zuwarfen.

„Hast du das gesehen?", rief Erich plötzlich.

Ich dachte zuerst, er würde auch von den weiblichen Zuschauern sprechen, und grinste darum breit. Aber dann deutete Erich in Richtung Netz.

„Was meinst du denn?", fragte ich ratlos. Ich konnte nichts entdecken.

Die ersten Helfer hatten bereits zu Keschern gegriffen. Damit holten sie die Fische aus dem Netz und leerten sie in Behälter gefüllt mit Wasser, die schon am Ufer bereitstanden. Einer der Helfer rief jetzt auch: „Seht euch das an!"

Angestrengt blinzelte ich, um erkennen zu können, was Erich und der andere Helfer entdeckt hatten. Mit vereinten Kräften zogen wir das Netz noch ein Stück weiter zusammen.

„Holt ihn raus!", rief jemand neben mir.

„Das ist bestimmt ein Hecht", überlegte Erich.

Ich straffte die Schultern und griff mutig ins Wasser. Erst wunderte ich mich, dass der Fisch kein bisschen zappelte. Das, was ich zu fassen bekam, fühlte sich auch nicht glitschig oder schuppig an. Es war glatt und hatte die Form eines Rohres.

„Hast du ihn?“, fragte Erich.

Ich nickte.

„Dann zieht schon endlich“, kommandierte er.

Und das tat ich dann auch.

Was ich da nach oben zog, war allerdings alles andere als ein Hecht. Es war nicht einmal ein Fisch. Das Wasser spritzte nach allen Seiten, als ich das Ding, das ich gefangen hatte, an die Oberfläche holte.

„Das gibt es doch nicht!“, rief Erich.

Einer nach dem anderen riss erst die Augen auf und fing dann an, zu lachen. In meiner Hand hielt ich ein silbernes Fahrrad. Besser gesagt, die Fahrradgabel, an der der Rest des Rades baumelte.

Ich konnte sehen, dass auch Anneliese und Hermine lachten. Natürlich lachte ich mit. Ich nahm es mit Humor, dass ich nicht der Fischerheld, sondern nur der Fahrradfänger war. Doch dann gab mir Erich einen Stoß in die Seite.

„He, kommt dir der Drahtesel nicht bekannt vor?", fragte er.

Ich zog das Fahrrad ans Ufer, um es dort genauer anzusehen. Erich folgte mir.

Als wir am Teichufer angekommen waren, kamen auch Anneliese und Hermine angelaufen.

Ich legte das Fahrrad im Gras ab.

„Ich glaube, ich weiß, wem das Fahrrad gehört", stellte Erich nüchtern fest.

Ich nickte. Auch ich wusste es.

„Das ist wohl meins", gab ich ungern zu.

„Hast du nicht im Sommer behauptet, jemand hätte dein Fahrrad gestohlen?", fragte Anneliese.

Ich nickte. Das war mir nun wirklich etwas unangenehm.

„Aber wie ist es dann im Teich gelandet?", wollte Hermine wissen.

Erich grinste mich an.

„Ich glaube, das kann ich erklären", kam er mir zu Hilfe. „Johannes hatte an dem Abend ziemlich viel getrunken. Weil er nicht mehr geradeaus lenken konnte, stellte er sein Fahrrad oben am Hügel über dem Teich ab und ging zu Fuß weiter."

Ich sah Erich zerknirscht an. Er hatte natürlich Recht. So musste es gewesen sein. Mit roten Ohren erzählte ich die Geschichte zu Ende: „Tja, da muss sich das Rad wohl selbstständig gemacht haben und bergab gerollt sein."

Anneliese und Hermine sahen sich an. Dann brachen sie in schallendes Gelächter aus.

„Angelt sein eigenes Fahrrad", gackerte Hermine und japste nach Luft.

„Man sollte einfach wissen, wann man genug getrunken hat", schob Anneliese lachend nach.

„Komm, wir helfen den anderen wieder", wandte ich mich an Erich. Langsam hatte ich von der Neckerei auf meine Kosten genug. Obwohl er mein Freund war, machte auch er sich über mich lustig und lachte mit den beiden Mädchen mit. Bei denen hatte ich jetzt sicher auch keine Chancen mehr. Dabei wollte ich doch einen guten Eindruck bei ihnen hinterlassen. Ich ließ meinen Kopf hängen und trottete wieder zum Wasser.

Erich folgte mir dann doch. Auf unserem Weg zu den anderen konnte ich Anneliese und Hermine reden hören.

„Die Musik spielt heute bestimmt auch eine Damenwahl", meinte Anneliese ziemlich laut.

„Bestimmt. Willst du da den Fahrradangler auffordern?“, lachte Hermine.

„Er hat immerhin einen großen Fang gemacht. Da ist er vielleicht auch ein guter Tänzer“, vermutete Anneliese.

Jetzt musste ich grinsen. Da hatte mir der Fang meines eigenen Fahrrads ja doch Glück gebracht. Zum einen hatte ich es jetzt wieder. Und zum anderen war mir ein Tanz mit Anneliese heute beim Fest nach dem Abfischen sicher.

Lassen Sie erzählen:

- Waren Sie früher auf einem Fischerfest oder beim Abfischen?
- Haben Sie selbst schon einmal einen Fisch geangelt?
- Essen Sie gern Fisch?

✓ Was Sie noch tun können …

Sich etwas angeln

Besorgen Sie einige Stöckchen und eine feste Paketschnur, einige kleine Knopfmagnete und Metallplättchen. Machen Sie Fotos von Alltagsgegenständen. Laminieren Sie die Bilder. Kleben Sie mit Heißkleber auf jedes Bild ein Metallplättchen. An die Stöckchen binden Sie ein ca. 15 cm langes Stück Schnur. An das lose Ende der Schnur kleben Sie einen Magneten. Jetzt können die Senioren mit ihrer „Angel“ nach Alltagsgegenständen (Fotos) fischen.

Der Schlachttag

Der November war grau und nebelig. Dennoch mochte Erwin den Monat besonders gern. Jedes Jahr wurde Mitte November auf dem Hof seiner Eltern geschlachtet.

„Erwin, nächste Woche musst du dir am Mittwoch freinehmen. Da ist Schlachttag", kündigte der Vater einige Tage vorher an.

Das war für Erwin kein Problem. Denn sein Lehrmeister, Zimmermann Petersen, hatte natürlich Verständnis.

Besonders deshalb, weil Erwin am Tag nach dem Schlachten immer eine Schüssel mit frischen Würsten in die Zimmerei mitbrachte, in der er Lehrling war.

An sich war so ein Schlachttag viel Arbeit. Doch weil jeder Helfer am Ende des Tages mit einem herrlichen Essen belohnt wurde, war er in Wirklichkeit ein Festtag.

Erwin war schon um fünf Uhr früh auf den Beinen. Gemeinsam mit seinem Vater schleppte er den Brühtrog in den Hof. Daneben wurden Holztische aufgestellt, auf denen später das Fleisch zerlegt wurde.

Auch Erwins jüngere Schwester Liese hatte sich freigenommen. Sie machte eine Lehre als Schneiderin und auch ihr Lehrmeister hatte ihr für den Schlachttag frei gegeben. Gemeinsam mit ihrer Mutter stellte Liese in der Küche Töpfe, Schüsseln, scharfe Messer und Schöpfkellen bereit. Als alles im Haus fertig war, kam Liese in den Hof.

„Kann ich euch noch etwas helfen?“, fragte sie.

„Magst du das Schwein holen?“, fragte Vater mit einem unterdrückten Grinsen. Er wusste ganz genau, dass Liese jetzt das Weite suchen würde. Denn das Schlachten war eine blutige Angelegenheit. Und das wollte Liese auf keinen Fall mit ansehen.

Wie erwartet schüttelte Liese entsetzt den Kopf.

„Ich bring euch später Branntwein, damit ihr euch nach getaner Arbeit wieder aufwärmen könnt“, bot sie an – und weg war sie.

Erwin war nicht so zimperlich. Er fasste kräftig mit an. Als das Schwein in zwei Hälften geteilt auf einem der Holztische lag, kam der Fleischbeschauer.

„Ihr wollt schließlich eine gesunde Sau verspeisen“, lachte er und untersuchte das tote Tier genau. „Völlig in Ordnung“, war nach wenigen Minuten sein Urteil. Er drückte seinen Stempel auf beide Fleischseiten und verabschiedete sich mit den Worten: „Dann bis heute Abend. Bringt mir ein schönes Stück vom Kesselfleisch vorbei.“

„Liese!“, rief Vater. Denn er fand, jetzt gab es etwas zu feiern. „Bring eine Runde Branntwein für alle!“

Liese kam sofort mit Gläsern und einer Flasche aus dem Haus gelaufen, als hätte sie nur auf den Zuruf des Vaters gewartet. Die Mutter kam hinterher.

„Trinkt in Maßen“, mahnte sie. „Ihr braucht noch einen klaren Kopf beim Zerlegen der Sau.“

Dann musterte sie das geteilte Tier und deutete auf verschiedene Fleischstücke.

„Das hier gibt einen schönen Braten. Und die Stücke hier bringt ihr mir. Die drehe ich durch den Fleischwolf für die Würste."

In der Küche waren die Fensterscheiben vom Dampf beschlagen. Die Herdplatte des Holzofens glühte. Auf ihr stand der Kessel, in dem die Wurstsuppe blubberte. Darin schwammen Fleischwürste, Blut- und Leberwürste. In einem anderen Topf köchelten Fleischstücke. Wie das duftete!

Als Erwin nach dem Schlachten im Hof alles mit Wasser abgespritzt und sauber gemacht hatte, kam er in die Küche. Ihm lief das Wasser im Mund zusammen.

„Gibt's schon was zum Probieren?", fragte er und griff nach dem langen Kochlöffel, um damit im Wurstkessel zu rühren.

„Finger weg!", schimpfte Mutter. „Hol lieber schon mal die Töpfe. Dann können wir für die Nachbarn Wurstsuppe abfüllen."

Erwin gehorchte murrend. Lieber wäre es ihm gewesen, es hätte für ihn jetzt auch gleich etwas zu essen gegeben. Aber so nahm er den ersten Topf mit Wurstsuppe und Fleischstücken von der Mutter entgegen und ging damit zu den Heinzmanns.

Als er wieder zurückkam, standen schon zwei weitere Töpfe bereit: einer für den Herrn Pfarrer und ein anderer für den alten Winkler von gegenüber. Erwin trug noch einmal Wurstsuppe aus.

Als er wiederkam, gab es endlich die ersehnte Schlachtmahlzeit. Liese hatte in der Zwischenzeit den Tisch gedeckt. Vater, Mutter, die Helfer aus der Nachbarschaft, Erwin und Liese nahmen Platz. Mutter tat jedem reichlich Fleischstücke auf. Es war ein Fest!

„Ach, wenn nur jeden Tag Schlachttag wäre“, schwärmte Erwin schmatzend.

Dafür erntete er ein Kopfschütteln der Mutter. Aber dabei musste sie grinsen, denn auch sie freute sich, dass es heute genügend Fleisch für alle gab.

Erwin hatte seinen Teller kaum geleert, da holte er sich auch schon Nachschlag. Kesselfleisch, frisch gebrühte Würste – was konnte es Besseres geben?

Als Erwin am nächsten Morgen gerade drei Paar frische Leberwürste und vier Blutwürste aus der Speisekammer holte und in eine Emailleschüssel legte, kam sein Vater in die Küche. Er klopfte seinem Sohn auf die Schulter.

„Grüß deinen Meister. Er soll sich unsere Würste schmecken lassen", murmelte er. Dann trat er in die Speisekammer. Erwin hörte ihn stöhnen.

Als der Vater wieder in die Küche kam, griff er nach einer Blutwurst und nahm sie aus Erwins Schüssel.

„Drei Blutwürste reichen für Petersen", behauptete er. „Es ist jedes Jahr das Gleiche. Da denkt man, man hätte eine ganze Sau geschlachtet. Dann halten alle ihre Hand auf. Und am nächsten Tag ist nur noch eine halbe Sau übrig."

Erwin lachte, nahm seinem Vater die Blutwurst aus der Hand und legte sie wieder zurück in die Schüssel.

„Auf die kommt es jetzt aber auch nicht an. Außerdem schlachten nächste Woche die Wimbergers. Da bekommen wir sicher auch einen Schöpfer Wurstsuppe ab."

Der Vater nickte ergeben.

„Nachher wird Liese für ihren Meister auch noch Wurst zusammenpacken", konnte sich Erwin nicht verkneifen, seinen Vater zu informieren.

Jetzt schlurfte der Vater murmelnd und mit hängendem Kopf aus der Küche. Erwin grinste ihm nach. Jeder Schritt wurde von einem wehmütigen Seufzen begleitet. Dieses wehleidige Getue kannte Erwin von den Jahren zuvor. Vater hatte Recht. Es war wirklich jedes Jahr das Gleiche.

Lassen Sie erzählen:

* Gab es bei Ihnen früher auch einen Schlachttag?
* Essen Sie gern Wurst?
* Welche Sorte schmeckt Ihnen am besten?

✓ Was Sie noch tun können …

Gemeinsam Würste essen

Kaufen Sie in einer Metzgerei frische Würstchen ein. Erwärmen Sie die Würste und essen sie an einem schön gedeckten Tisch gemeinsam mit den Senioren.

Das Weihnachtsfest

Unser Weihnachtsfest war die schönste Feier im ganzen Jahr. Gleich danach kam ein Brauch, der in unserer Familie alljährlich gern gepflegt wurde: Nach Dreikönige wurde bei uns der Weihnachtsbaum geplündert. Denn er wurde jedes Jahr von Mutter mit leckeren Geleekringeln, Schokoladenkugeln und Ringen mit bunten Streuseln behängt. Und die durften vor dem 6. Januar nicht vom Baum genascht werden. Manche verschwanden natürlich dennoch vorher.

In dem Jahr, in dem ich meine Lehre als Tischler begonnen hatte, bekam ich die Aufgabe, einen passenden Weihnachtsbaum für unsere Familie zu kaufen. Im Schlepptau hatte ich meine kleine Schwester Gitti. Sie war damals erst neun und das Nesthäkchen.

„Ich will dir beim Aussuchen helfen. Bitte, bitte, Max", quengelte sie.

Ich ließ mich natürlich erweichen. Und so schlüpften wir also in unsere dicken Wintermäntel und gingen los. Den ganzen Weg bis zum Markt hopste Gitti fröhlich neben mir her.

Der Baumhändler hatte nur noch eine kleine Auswahl an Bäumen.

„Heute ist Samstag und übermorgen ist Heiligabend. Sie sind ja nicht besonders früh dran", meinte er nur lapidar auf meine Frage nach anderen Bäumen.

„Wir nehmen den", rief Gitti plötzlich begeistert.

Der Baum, auf den sie zeigte, war ziemlich schief, hatte zwei Spitzen und sah zudem trocken aus.

Ich schüttelte den Kopf. Ein besseres Exemplar sollte es schon sein.

„Aber ich will den da!" Gitti stellte sich breitbeinig vor mich hin und stemmte ihre Arme in die Hüften.

Ich seufzte.

„Den bekommst du für 50 Pfennige", lachte der Baumhändler.

Irgendwie konnte ich meiner kleinen Schwester keinen Wunsch abschlagen. Und der Preis war schließlich auch unschlagbar.

„Gut, wir nehmen ihn. Aber ich möchte kein Gejammer mehr von dir hören, bis wir zu Hause sind", sagte ich und bemühte mich, streng zu klingen.

Ich bezahlte zähneknirschend den krummen Baum, hievte ihn mir mit Schwung über die Schulter und hielt den Stamm mit einer Hand fest. Gitti wies ich an, neben mir und dem Baum zu gehen.

Der Weg nach Hause war recht beschwerlich. Meine Schulter, auf der ich den Baum trug, schmerzte. Meine Hände waren kalt, weil ich keine Handschuhe trug. Und Gitti hielt sich natürlich erst nicht an meine strenge Forderung.

„Max, der Baum ...", jammerte sie nach wenigen Metern.

„Ich will nichts davon hören", brummte ich.

Gitti zuckte leicht zusammen.

„Aber ...", versuchte sie es noch einmal.

Ich warf ihr einen ärgerlichen Blick zu.

Sie zog die Schultern hoch und schwieg. Bei jedem Schritt zuckte sie mit dem Kopf.

„Stell dich nicht so an“, murmelte ich und ignorierte sie.

Zu Hause stellte ich den Baum erst einmal im Flur ab.

„Wir sind wieder da!“, rief ich. Dann streiften Gitti und ich unsere Wintermäntel ab. Doch was war das? Mindestens zwei Handvoll Tannennadeln rieselten aus Gittis Mantelkragen und fielen zu Boden.

„Der Baum ist mir in den Kragen gefallen“, meinte sie kleinlaut.

„Naja, nicht der ganze Baum. Nur die Nadeln“, verbesserte ich sie. Dann musste ich grinsen. Darum war sie also bei jedem Schritt zusammengezuckt.

Als Vater und ich den Baum in der guten Stube aufgestellt hatten, waren einige Äste bereits ziemlich kahl.

Mutter fegte hinter uns her und schimpfte: „Konntest du nicht einen anständigen Baum kaufen? Der nadelt ja jetzt schon wie der Teufel.“

Beim Behängen des Baumes rieselten noch mehr Nadeln. An Heiligabend war der Baum schon ein halbes

Gerippe. Aber davon ließen wir uns die Freude am Weihnachtsfest nicht verderben. Ich erinnere mich noch genau, dass ich in dem Jahr Lederhandschuhe mit Pelzfutter und einen eigenen Hobel bekommen habe. Wir sangen wie jedes Jahr gemeinsam Weihnachtslieder. Zu essen gab es Würstchen mit Kartoffelsalat. Und spät am Abend gingen wir dann gemeinsam in die Christmette.

Nach den Feiertagen und dem Jahreswechsel kam dann endlich der herbeigesehnte Dreikönigstag.

„Heute wird der Baum geplündert", kündigte Vater am Morgen des Feiertags an.

Abends trafen wir uns in der guten Stube und verhandelten, wer welchen Kringel oder welche Schokoladenkugel bekommen sollte. Es wurde gefeilscht und getauscht. Am Ende saßen wir alle zufrieden zusammen und genossen unsere Süßigkeiten. Leider war unser Weihnachtsbaum nun ein wirklich trauriger Anblick.

„Der ist ja beinahe nackt", stellte Gitti treffend fest.

Normalerweise stellten wir den Baum erst am nächsten Tag in den Garten, um ihn dort klein zu sägen und später zu verheizen. Aber dieses Jahr trug mein Vater ihn gleich nach dem Plündern aus der guten Stube. Mutter sah sich mit gerunzelter Stirn die Stelle an, auf der der Baum gestanden hatte. Dann folgten ihre Augen Vaters Weg aus dem Zimmer in den Flur. Überall waren Nadeln über Nadeln. Ich bückte mich, um ein paar davon aufzusammeln. Da sah ich, dass in den Ritzen unseres Holzbodens ebenso Nadeln steckten. Mutter hatte es auch entdeckt.

„An diesen Weihnachtsbaum werden wir noch lange denken“, seufzte sie und stand auf, um in die Küche zu gehen.

„Ich finde, um das Fegen sollte sich jetzt derjenige kümmern, der uns diesen Baum eingebrockt hat“, sagte sie, als sie wiederkam, und drückte mir Kehrschaufel und Besen in die Hand.

„Eigentlich war das ja Gitti“, murmelte ich. Aber dann fing ich doch an, zu fegen.

Lassen Sie erzählen:

* Wie haben Sie früher Weihnachten gefeiert?
* Haben Sie früher am Heiligabend gemeinsam gesungen oder musiziert?
* Wer hat bei Ihnen früher den Weihnachtsbaum besorgt?
* Was hing bei Ihnen am Weihnachtsbaum?

✓ Was Sie noch tun können …

Einen „Süßigkeitenbaum" plündern

Besorgen Sie sich einen Ast mit vielen kleinen Zweigen. Alternativ geht auch ein „Schmuckhalterbaum". Hängen Sie verschiedene kleine Süßigkeiten, z. B. Plätzchen mit Loch in der Mitte, daran. Nun dürfen Ihre Zuhörer zugreifen und den „Baum" plündern.

Der Silvestertanz

Am Jahresende ging es in der „Alten Linde" immer hoch her. Alljährlich wurde dort der Silvestertanz ausgerichtet. Das war für die 10-jährige Renate beinahe noch schöner als Weihnachten. Denn sie durfte mithelfen, wenn ihre Eltern, die Wirtsleute Karl und Berta, den Saal herrichteten. Jedes Jahr holte Wirtin Berta die Kiste mit den Papiergirlanden vom Speicher der Gastwirtschaft. Renate zog eine nach der anderen heraus, glättete sie und reichte sie ihrer Mutter.

Die hängte die Dekoration von einer Wand des Tanzsaals zur anderen.

In der Zwischenzeit rückte Wirt Karl die Tische zurecht. Es entstanden lange Tafeln. Vor der Bühne blieb Platz für die Tanzfläche. Renate sah staunend zu, wie sich der sonst unbenutzte Raum in einen wunderschönen Festsaal verwandelte. Wenn alles an seinem Platz war, fegte Berta ein letztes Mal mit dem Besen den Raum.

Zwei Stunden vor den Gästen kam die Musikkapelle. Sie schleppten ein Musikinstrument ums andere auf die Bühne. Renate stand am Bühnenrand und schaute zu.

„Willst du mal reinblasen?“, fragte einer der Musiker lachend, als er den neugierigen Blick von Renate bemerkte. Er hob eine Trompete aus seinem schwarzen Koffer und hielt sie Renate hin.

„Darf ich wirklich?“

Renates Hände waren feucht, als sie sie nach dem goldenen Instrument ausstreckte. Der Trompeter nickte.

„Aber spuck nur nicht hinein“, mahnte er und putzte mit dem Hemdärmel über das Mundstück, ehe er Renate die Trompete gab.

Renate holte tief Luft. Dann legte sie die Lippen an. Sie hatte in den vergangenen Jahren die Musiker beim Proben vor dem Silvestertanz immer wieder beobachtet. Darum wusste sie genau, wie der Trompeter sein Instrument spielte. Doch statt eines wohlklingenden Tones kam aus der Trompete nur ein jammerndes Brummen.

Der Musiker klopfte sich lachend auf seine Schenkel und nahm Renate sein Blasinstrument wieder ab.

„Das braucht Übung, Kleine", grinste er und spielte ein paar Töne vor.

Renate erkannte das Lied sofort und fing an, den Schneewalzer zu singen.

„Du bist ja ziemlich musikalisch. Vielleicht lernst du auch einmal ein Instrument", staunte der Musiker.

Renates Wangen glühten, so stolz war sie über das Kompliment.

Dann begann der spannendste Teil des Abends. Renate stand am Fenster im Flur neben der Eingangstür der Gastwirtschaft. Draußen schneite es ohne Unterlass. Endlich konnte Renate die ersten Tanzgäste erkennen. Sie stapften durch den Schnee auf das Gasthaus zu.

Renate öffnete die Tür und ließ die durchgefrorenen Festbesucher eintreten.

Wie jedes Jahr hatten die Gäste große Taschen oder Körbe dabei. Denn auf ihrem Weg zum Gasthaus durch den Schnee trugen alle dicke Wintersachen. Im Wirtshaus angekommen, winkte Renate die Gäste in den Nebenraum des Saales. Dort konnten sie sich umziehen. Dicke Mäntel, Stiefel und gestrickte Strümpfe wurden gegen feine Kleider und Tanzschuhe getauscht. Die feuchten Winterkleider ließen die Leute im Nebenraum. Für die fein gemachten Tanzgäste hielt Renate dann die Saaltür auf.

Als endlich alle Gäste im Saal waren, begann der Tanz.

„Und du gehst jetzt schön ins Bett“, befahl Renates Mutter, ehe sie sich um das Ausschenken des Bieres kümmerte.

Renate zog einen Schmollmund, stapfte aber aus dem Saal.

„Aber erst hab ich noch was vor“, flüsterte Renate und schlich sich in den Nebenraum. Dort sah sie sich um. Sie zog den Wintermantel vom Herrn Bürgermeister von einer Stuhllehne und schlüpfte hinein. Dann steckte sie ihre Füße in die Stiefel von Frau Wittich, der der

Milchladen an der Ecke gehörte. Die Stiefel waren Renate zwar viel zu groß, aber sie stolzierte in den fremden Schuhen und Kleidern wie eine Prinzessin umher.

Dann streifte Renate die Stiefel von Frau Wittich und den Mantel ab und griff nach der Felljacke des Fräulein Lehrerin und zu den Stiefeln des Malermeisters. Als auch noch die ersten Takte der Musik aus dem Saal herüberklangen, wiegte sich Renate mit schwingender Jacke verträumt hin und her. Beim zweiten Lied der Musikkapelle, dem Schneewalzer, sang Renate dann lautstark mit, während sie sich im Dreivierteltakt drehte.

Da flog die Tür des Nebenraums auf.

„Was machst du denn da?", rief ihre Mutter und sah Renate entgeistert an.

„Ich wollte doch nur …", stotterte Renate erschrocken.

Doch die Wirtin ließ nicht mit sich reden. Sie hob drohend die Hand und befahl: „Auf der Stelle verschwindest du jetzt in dein Bett. Und morgen sprechen wir uns noch."

Renate schlüpfte rasch aus Stiefeln und Jacke. Sie zog den Kopf ein und schob sich an ihrer Mutter vorbei in den Flur. Aus dem Saal hörte sie die ersten Takte des nächsten Tanzliedes.

„Schade“, murmelte Renate und schlurfte die Treppe nach oben in ihr Schlafzimmer. So gern hätte sie noch ein bisschen weiter Mäntel und Schuhe probiert und wäre damit herumgetanzt. Renate gähnte.

„Morgen hat Mutter bestimmt vergessen, dass sie noch ein Hühnchen mit mir rupfen wollte“, flüsterte Renate müde, als sie ihr Zimmer betrat.

Als sie im Bett lag, hörte sie gedämpft die Musik aus dem Tanzsaal. Wenige Augenblicke später war Renate eingeschlafen. Die Töne begleiteten Renate bis in ihre Träume.